「自己肯定感」が低いあなたが、すぐ変わる方法

大嶋信頼

PHP文庫

○本表紙図柄＝ロゼッタ・ストーン（大英博物館蔵）
○本表紙デザイン＋紋章＝上田晃郷

自己肯定感が低いと、
「損な役回り」をやらされるだけ。

自己肯定感が低いという役回りを
捨てれば、驚くほどあなたの人生は
レベルアップするんです。

はじめに……そもそも自己肯定感とは？

私は、心理カウンセラーという仕事をしているのに、これまで「自己肯定感が低いのが悩みで……」と言われても、「はあ」とあまりたいした問題にはとらえていませんでした。

そもそも**自己肯定感って「自分で自分のことをOKだ！」とか、「自分って結構いいよね～！」なんて思えること。**

自分自身で自分のことをちゃんと認めてあげればあげるほど、「自己肯定感が高い人！」となるのだけど、「そんなことをしちゃったら向上心がなくなっちゃうでしょ！」と思ったり、「そんなの自分のことを好きなナルシストじゃない！」と思っていました。

だから「自己肯定感が低くても構わない！」と、「自己肯定感」に注目することはほとんどありませんでした。

自己肯定感って、外国人に比べると日本人は低いのかもしれません。

アメリカで勉強していたときも、たしかに「自信がありません」とか「ちっとも勉強ができないんです！」と言っている私に比べて、周りの連中は「どうだ！俺ってすごいだろ！」と、ちょっとできたことを100倍ぐらいに誇張して話をするものだから、「お〜！　こいつらの自己肯定感は高いな〜！」と思っていたものです。

といっても、心の中では「絶対に自己肯定感が低いほうが耐え忍んで努力をしているから、いつかはこいつらよりも優秀になれるはず！」と思っていました。

「今はダメだけど、いつか見ていろ、俺だって！」と自己肯定感が低いまま、耐え忍びながらやってきました。

いつも「自分はダメだ」と、何をやっても自分を肯定できなくて「なんとかしなきゃ！」と悔《くや》し涙を流しながら努力しつづけてきました。

ダメなりに努力をしていれば、自己肯定感が低いままでも、いつか誰かに認めてもらって、自分自身でも「これでいいのだ！」と思える日が来る、とずっと信じていました。

自己肯定感が低いまま、自分を鍛えつづけていれば、いつか人からも自分自身からも認められる人間に変わるのだろう、とずっと信じていたのですが、**実際には「あれ？　いつまでたっても自分のことが好きになれないぞ！」**となっていました。

自己肯定感が低いから謙虚になれて、人よりも美しくなれる、と信じていたのに、いつまでたっても中身は醜いままで「ちっとも変わっていない！」という現実にびっくり……。

俺ってすごいだろ!
自己肯定感の高い人
自己肯定感の低い人
……
ダメなりに努力していつか見返してやる
ダメだからこそ
努力できる!
だけどいつまでたってもちっとも変わらない!
あれ?
なぜ?
謙虚にがんばってるのに

努力して周りの人たちから認められるようになったら自己肯定感は高くなる、と思っていたのに、いくら努力をしたってちっとも認められない……。そもそも自己肯定感が低いまま努力をしたって、「何をやったって中途半端！」という感じで何も成し遂げられません。

しかも、何も成し遂げられないのに「誰からも認められないのは不運なだけで、本当は自分はすごいものを持っているんだ！」と妙なプライドはそのままなんです。

私は、海外にいたときに「自己肯定感が高い人ってナルシストみたい！」と思って、内心バカにしていましたが「あれ？　もしかして自己肯定感が低い私のほうがナルシストなのかも？」と混乱してしまいました。

だって、**自己肯定感が高かった人たちは、どんどんいろんなことを成し遂げていく**のです。一方、私は思っているだけで何も現実にすることができないくせに、心のどこかで「自分は優《すぐ》れたものを持っているはず」と誰からも認められていないのに信じつづけているわけですから。

最近になって「あ！　なんだ！　自己肯定感が低い人の仕組みってこうなっているんだ！」ということが見えてきました。

これまでは、「気が弱い」とか「弱虫だから」や「ビビリ屋だから」自己肯定感が低いんだ、と思っていたのですが、これが違っていて「ただ、自己肯定感が低い、という役回りを演じさせられているだけ！」ということが見えてきたのです。

はっきり言ってしまうと、**自己肯定感が低いということは「損な役回りをやらされているだけ！」ということ**なんです。

「何をやってもうまくいかない！」、かつ「うまくいったとしても長続きしない！」という役回りです。

私も最近になるまで気がつかなかったのですが、実は知らず知らずのうちに「あ！　自分で失敗して、自己肯定感を下げるようなことをしていた！」ということなんです。

「え？　なんのためにわざわざ自己肯定感を下げるようなことをしちゃうの？」という疑問に対してのストレートな答えを言ってしまうと、「愛されるため」にほかなりません。

私の中には「自己肯定感が低いほうが愛される」という幻想がありました。

でも、実際は、自己肯定感が低ければ低いほど、人からは軽視されてしまうので、「愛される」よりも「蔑《さげす》まれる」ほうが多くなるのです。

自己肯定感が低かった私は「人と対等」だったことがありませんでした。

自己肯定感が高く健康な人は、自己肯定感が低い私を哀れみの目で見て「付き合ったって、なんにもメリットがない！」と、静かに私から去っていきます。

そして、自己肯定感が低い人たちは、さらに低い私を蔑み、踏みつけて、そしていいように利用するだけ利用して、捨ててしまうのです。

私は長年、心理カウンセラーをやっていて、自己肯定感が低かったクライアントさんの自己肯定感がどんどん高くなったときに、「あ！　これまでと違って、大切にしてくれる人たちが寄ってくるようになった！」という現象を目撃しています。

それだけじゃなく、そのクライアントさんの**自己肯定感が高くなれば高くなるほど「周りの人の自己肯定感まで高くなって、みんなで健康になっていく！」**という現象まで見られたんです。

今まで、私は、自分の自己肯定感が上がることで誰かを犠牲にしてしまって、周りを苦しめてしまうのでは？と思っていました。

ところが、「え？　自分の自己肯定感が高くなったら、周りにいる人たちの自己肯定感も高くなって、みんなで楽しく健康的になれるの⁉」ということを、目《ま》の当たりにして「なんだ！　誰も犠牲にしないんだったら自己肯定感って高くしてもいいんじゃん！」と思えるようになったんです。

本書では、自己肯定感が高い人、そして低い人の特徴を書きながら、簡単に自己肯定感を上げて「おいしい生活！」ができる方法を紹介していきたいと思います。

これまでの悩みの根底に、自己肯定感の低さがあったなんて！と、みなさん、びっくりされるでしょう。

「自己肯定感」が低いあなたが、すぐ変わる方法

目次

はじめに　そもそも自己肯定感とは？ 4

第1章 あの人は自己肯定感が高い人？ 低い人？

01 自己肯定感が高い人、低い人がいます 22
02 自己肯定感が高い人ってこんな人 28
03 自己肯定感が低い人ってこんな人 35
04 あなたは、こんな〝自己否定〟をしていませんか？ 42
05 あなたの「つまずき」の原因は、自己肯定感の低さかも？ 48

06 まさか「片づけられない！」原因も？ 51
07 「低い自己肯定感は、変えられない」と思っているあなたへ 56

第2章 自己肯定感をすぐ高くする方法

08 責任感をなくしちゃうと、自己肯定感が上がる 66
09 なんでも「御意《ぎょい》！」と従ったほうが楽になる 73
10 目を閉じたときの自分のイメージで自己肯定感が変わる 80

11 美味しいものを食べて自己肯定感を上げよう！……86
12 トイレ掃除をして自己肯定感を上げちゃう……94
13 家や車などほしいものをイメージして自己肯定感を上げる……102
14 集団の中でみんなとのつながりを感じて自己肯定感を上げる……108

第3章 「低い自己肯定感」は、変えられる

15 過去の失敗を赤裸々に書き出してみる……116

16 人前で自分を否定したり卑下しない……122
17 人ごみの中で他人が自分のことをどう思っているかを考えない……129
18 自分が属している集団の自分の位置関係(ランキング)を確かめる……136
19 過去の思い出の物を整理する……143
20 過去と未来の自分のつながり……150
21 簡単に過去を変える方法……156

第4章

つい「自分はダメだ」と思ってしまうあなたへ

22 自己肯定感が低くて生きづらい！こんなときはどうすればいい？……162
23 否定されると、すぐ「自分はダメだ」と思ってしまう……176
24 〝どうせ無理〟と最初からあきらめる……187
25 人目が気になって、生きにくい……194
26 なんでも長続きしない……201
27 自分を肯定できないから、人間関係も苦手に……210

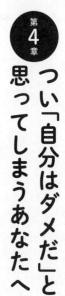

28 日本人は、「自己肯定感」が低くなりがちな社会に生きている …… 215
29 〝自分はダメ〟と思う気持ちが強い人、弱い人 …… 222
30 〝自分はダメ〟から抜け出す方法 …… 228

イラスト——あまささみ

第1章

あの人は自己肯定感が高い人？　低い人？

01 自己肯定感が高い人、低い人がいます

たとえば……電車で通勤をするときに「この車両の中で自己肯定感が高い人って、どんな人だろう?」と観察したくなります。

満員電車でみんな詰めて座っているのに、一人だけ踏ん反《ぞ》り返って腕組みをして足を開いて座っているおじさんは、自己肯定感が高いのかな?と考えてみます。

前に立っている人も、そのビジネスマンのことを見ないようにしているし、両脇に座っている女性と男性もできるだけ「関わりたくない!」という姿勢で座っているので、「この人は大きな態度で、周りの人を威嚇しているのかも!」と思えます。

ぱっと見は、偉そうな態度を取っているから「自己肯定感が高いのかも!」と思ってしまうのですが、よくよく考えてみたら、**自己肯定感が高かったら「俺は**

すごいんだぞ！」なんていう態度をする必要はありません。すると、「このビジネスマンは自己肯定感が低いのかもしれない！」と思えて、面白くなってきます。

今度は、電車の中でヘッドホンをして、スマートフォンでゲームをひたすらやっている学生風の男の子は自己肯定感が高いのかな？と思って観察してみます。

こんなに混雑している電車の中でもゲームに没頭できるんだから、「自己肯定感が高いのかも？」と思ったのですが、しばらく観察してると「あれ？」となります。

もしかしたら、ゲームに没頭していなかったら、将来の不安とか人間関係の問題が次から次へと浮かんでくるから、何も見ないようにしているのかも？とひらめきます。

すると、妙に腑《ふ》に落ちて「あ！　この男の子も自己肯定感は低いのかもしれない！」と思うんです。

ふだん、電車に乗っていると「私はこの中で、一番自信がなくて、自己肯定感が低いかもしれない」と感じて、周りの人をうらやましく思っていたのですが、**「あれ？　自分だけじゃないのかもしれない！」**と思えてきたんです。

また今度は「自己肯定感が高い人はいないのかな？」と思って、会社の同僚のことを話している人たちに耳を傾けます。

「あいつ、やればできるんだから、やればいいのに！」と言っているのが聞こえて、私は「お〜！」と思います。

「肝心なところであきらめちゃうから、上司から目をつけられちゃうんだよ！」「お！　この人は自己肯定感が高いから同僚のことをフォローしてあげようとしているのかも！」と思って話を聞きつづけます。

すると、「だいたいあいつは詰めが甘いんだよ！」とか、「あの上司がもっと認めてあげればいいんだ！」と言っているのですが、「あれ？　この人って結局、同僚や上司に比べて自分はすごいんだ！」と言っているわけで、「あ！　この人も自己肯定感が低いんだ！」ということがわかってしまいます。

たしかに、**自己肯定感が高かったら、こんなところで人の話なんかする必要がない**もんな！と思って「お〜！　やっぱり、これまで自分は間違っていたかもしれない！」とちょっとびっくりしたのです。

私は、偉そうにしている人、集中できる人、人のことをかばってあげられる人、などが「自己肯定感が高い人」だと思って、「自分はなんてビビリで弱気で、集中できなくて、人のフォローなんかちっともできない器の小さな人間で……」と、ずっと思っていたんです。

だから、「あれ？　もしかして私がこれまで自己肯定感の高さを感じてきたような相手こそが、自己肯定感が低い人なのかもしれない！」と気づいたとたん、面白くなってきたんです。

そうしたら、次に「あれ？　だったら、自己肯定感が高い人ってどこにいるの？」と疑問がわいてきます。

そこでフッと気がついたんです。

「こんなにたくさん人が乗っているのに、私が全然気にならない人、注意を向けていない人がいる！」

寝たふりをしている人、本を読んでいるふりをしている人、などたくさん気になる人がいる一方で、私がまったく注意を向けていない人たちの存在に気がついたのです。

この、私がふだん注目してしまう人たち以外の人に注意を向けようとしたときに、眩《まぶ》しい太陽の光を見るような感覚になりました。

一見、存在感がない人たちなのかな？と思っていたら、じつは自己肯定感が高くて、「私とは違うタイプの人たち」だから意識が向かなかったのです。

そこで、あえてその人たちに注目したら「あ！　この人たちが自己肯定感が高い人なんだ！」ということに気がつきます。

その人たちに注意を向けても、まったく不快感を覚えないのです。

むしろ、不快感が一切ないので、すぐに興味を失って、不快を感じさせるような人のところに私の注意が向いてしまっていたのです。

自己肯定感が高くて、自分が誰からどう見られようと気にしていないから、威嚇もしないし、ビクビク感もない。

過剰に何かに集中している必要もなく、自然体でいられるその姿。

自己肯定感が高いから周りの人の言動が一切気になっていなくて、自分の中で平安を自動的に保てちゃううらやましい人たちが、私の死角に存在していたんです。

02 自己肯定感が高い人ってこんな人

自己肯定感が高い人といって思い出すのは、学生時代にアルバイトをしていたときに出会った人です。

その人は、英会話教師を採用する人事課にアルバイトで来ていた先輩（日本人）で「英語がめちゃくちゃうまい！」という特徴がありました。

私と比べてどこが違うの？とよく観察していたら、その人には「恥ずかしい！」という感覚がまったくといっていいほどないんですよね。

自己肯定感が高くて、自分のすべてを肯定できちゃうから「恥ずかしい」という感覚が必要なくて、堂々と喋れちゃう。

そして、間違ったことを言っても「自分はダメだ〜！」と落ち込むそぶりもありません。

「なるほど！　そう言えばいいのね！」と自分を責めずに修正して「ほら！　すぐに学習できちゃった！」と、学習できた自分をさらに「すごい！」と肯定できちゃうのです。だから、学習能力が全然私とは違いました。

何をやっても、やらせても「なるほど！」とすぐに学習できて、新たな能力を自分のコレクションに加えていくので、みんなから「この人、ものすごい能力がある！」と尊敬されていました。

それでも**一切、鼻につく態度はないし、過剰に謙虚になりすぎたりもしません。**

だから、一緒にいて「全然不快じゃない！」わけで、私が全然仕事ができなくても「全然関係ない！」という感じです。

私が、その人に仕事のアドバイスを求めると、的確にポイントを教えてくれて、「お〜！　そうすればいいんだ！」とすぐに納得。

そのうえ、「どうだ！　教えてやったぞ！」という自慢気な態度がまったくなくて、私も「申し訳ないことをした！」とか「借りをつくってしまった」というような後ろめたい気持ちが一切わきません。

一緒に仕事をするのがものすごく楽しいし、別にその人がエンターテインしているわけじゃないのに、**その人がいるだけで職場が明るくて楽しい場になっていました**。

欧米人がたくさん働く職場のため、常に日本人スタッフの悪口が飛び交っているのに、誰一人、その自己肯定感が高い人の悪口を言う人はいませんでした。一方、その人も、みんなが自分のことをどう思っているのか、なんて一切気にしちゃいない様子。

私なんかは、常にいろんな人の動向が視界に入って気になって、「悪く思われているんじゃないか？」とビクビクしていたのに、その人は書類の作成に集中したら、周囲の人たちのことが目に入らなくなるみたいで、すぐに書類を完成させます。

そして、電話応対をしているときも、ちゃんと相手とのコミュニケーションに集中できて「他の人がこの会話を聞いてどう思っているのだろう？」なんて気にしていない。

だから、常に対応が紳士的なうえに完璧で、「この人ってすごい！」となっていました。

今考えてみると「あ！　あの人自己肯定感が高かったから〝この人すごい！〟と思えたんだ！」とわかったのです。

心から「自分ってすごい！」とか「素晴らしい！」と思えるからこそ、学習能力がめちゃくちゃ高くて、一流大学も卒業できて、そして、海外の大学院からの誘いを受けて留学する前のちょっとの時間にアルバイトをしていたんです。

一度だけ「なんであなたほどの優秀な方が、この会社でアルバイトなんかしているんですか？」と聞いてみたら、「何事も経験だから」と言われて「お〜！」となってしまいました。

不思議なのは、その自己肯定感が高い方と一緒にいたときは、「自分はこの人と比べたらダメだ」なんて一切感じたことがなかったことです。

一緒にいるだけで、自己肯定感が高い方に影響されて、私の自己肯定感も高くなったような、そんな感覚すらあったんです。

「ほかに自己肯定感が高い人は？」と自分が出会った人たちを頭の中で検索してみても「なかなかいないな～！」と思っていたのですが、「あ！　そういえばたくさんいた！」と気がついたんです。

私が出会った、自己肯定感が高い人と同じような特徴を、カウンセリングで回復した人たちに見ることができたんです。

クライアントさんたちが元気になったら、「なぜか英語がうまくなる」という現象をたくさん見てきました。

それは「恥」の感覚から解放されるから、英語が自然に話せるようになるんだろう、と思っていたのですが、根本に「自己肯定感が上がっていたからだ！」ということがあるのに気がついたんです。

さらには、英語以外の学習能力もめちゃくちゃ高くなって「うわ～！　この方

周囲の人たちのことは気にせず仕事に集中！
サラサラ
yes
相手とのコミュニケーションに集中！
えっ、もう？
完成！
Finish!
そっか！あの人は自己肯定感が高かったから
!
自分はできる
どーん
すごいって思えたんだ！

ってとっても器用なんだ！」とびっくりします。

また、人間関係でも「何もしていないのに尊敬されている！」となっていてびっくり。

以前は「コミュニケーション能力がアップしたからかな？」と思っていたのですが、実際には、**「自己肯定感が上がって、自分のことを好きになると、周りの人からも好かれるようになり、さらにそれが高くなると尊敬されるようになるんだ！」**と考えるようになりました。

自己肯定感が上がると、学習能力もどんどん上がっていくので、ステップアップしちゃって「どんどんすごいことになってしまう！」という感じになるから興味深いんです。

しかも、そんな方々がカウンセリングに来続けてくださっても、私は「申し訳ない」という感覚が起きないんです。

ふだん私は、カウンセリングでも「私の力不足で何もできなくて申し訳ない！」という気持ちでいっぱいになっています。

ところが回復された方が来られると「一緒にお話をしていて楽しい！　このまずっとこの時間が続けばいいのに！」とまで思えるから不思議。

この感覚ってあのアルバイトの先輩と一緒にいたときと同じ感覚だ！とちょっとびっくりしたんです。

03 自己肯定感が低い人ってこんな人

ここで、私が「自己肯定感が低い人」を思い浮かべようとしたとき、真っ先に浮かんでくるのが「自分じゃん！」でした。

小さいころから「自分には価値がない」と思えて、学生時代に「将来の夢は」と聞かれたら、「貧困の国に行って死んで埋められて肥《こ》やしになることです」と答えていました。

肥やしになるぐらいしか、自分には価値がないと思っていたんです。

一方で、「自分には価値がない」と思っているはずなのに「他の人から自分はどう思われているんだろう？」と常に気にしています。

「あの人、ダメな人」とか「あの人って格好悪い！」という言葉がちょっとでも耳に入ってきてしまったら、「この世の終わり」という感じで目の前が真っ暗になって落ち込んでしまい、「なんでそんなふうに思われるんだろう？」とぐるぐる考えてしまっていました。

人から注意されたこと、批判されたことがいつまでも頭に残って「なんであの人はあんなことを言ったんだろう？」と考えつづけちゃうんです。

でも、言われたことで反省して自分を変えるかといったら、そんな努力は一切しなくて、注意や批判した相手に対して「あいつめ！」と、復讐したり陥《おとしい》れることを考えてしまいます。

自己肯定感が低く「**どうせ自分なんか努力しても変えられない**」と思っている

からなのか、「なにくそ！」と怒りを努力に変えて相手を見返す、というようなことができないんです。

なんとか「やってやる！」と、努力をしはじめたとしても、自己肯定感が低いので**「やっぱり自分はダメだ」**と長続きしません。

いつも三日坊主だから「変わらなきゃ！」と思って買った本もちっとも読み終わらずに、本だけが無駄に増えていってしまう。

そんなダメダメ人間なのに、心のどこかでは「自分はすごいんだ」というのを誰かに認めてもらいたくて、人にアドバイスをしたりします。

困っている人がいたら「あ！　自分が助けてあげなきゃ！」と思って、自分はできもしないのに、人には偉そうにアドバイスなんかしちゃって、人から認めてもらおうとするんです。

その延長で人から認めてもらうために、どこにいても「自分はこの中の誰よりもみんなに気を遣っている」という感じで、いらない気配りをしてしまいます。

そして、その場にいる気配りができない人と比べて「なんであの人は気配りができないんだ」と批判してしまいます。

でも、後になって「なんで自分があれだけ気を遣っているのに、誰もわかってくれないんだ！」と自分だけが損をしていると感じてしまうのです。

あげくのはてに「もう人に気を遣いたくない！」と思うのですが、自己肯定感が低いので、誰かが不機嫌になっていたりすると、「あ～！　私のせいで不機嫌になっているのかもしれない！」と思って怖くなり、結局相手に気を遣って変な上下関係ができちゃうんです。

自分でつくった上下関係なのに、下っ端的な扱いをされると「人間関係が嫌だ！」となってしまいます。そのため、ある約束を直前になって「やっぱり断る」となったり、「でも、断ったら孤立してしまう」と悩んで結局直前まで答えが出せずに約束を守らない、ということをしてしまったりするんです。

そんな感じで自ら人間関係を壊してしまうのに、ますます自己肯定感が低くなり、「このまま孤立するのが怖い」となるから、人に気を遣って、常に自分のことよりも人のことを優先してしまいます。

それでいて「こんなに自分は犠牲を払っているのに！　なんで相手は自分を認めてくれないんだ！」と、自分のことを認めてくれない相手を責めてしまいます。

逆に、「いつも感謝しています」とか「気遣いをしてくださってありがとうございます」とほめられても、相手のほめ言葉を素直に受け取れません。「社交辞令でほめているだけ」とか「自分の本心を知らないから、ほめてくれているだけ」と感じてしまって、最初はうれしくてもすぐに嫌な気分が襲ってきて、「そのうち、相手から絶対に嫌われる」と思って、結局自分でその方向に持っていってしまうんです。

つまり、「良いことがあっても絶対に自分がダメなことをしてぶち壊してしまう」という確信があるから、「悪いことが襲ってくる～！」と不安になる……。

そして、自分が失敗をして嫌な気分になると「ほら！　やっぱり悪いことが起こった！」とますます自己肯定感が低くなってしまうのです。

私は自己肯定感が低かったので、「自分だけがこんなに醜いことをいつも考えているんだ」と思っていました。

ところが、この「自己肯定感が低い人の特徴」を振り返ってみると、「あ！私が気になっちゃう人ってみんな自己肯定感が低いんだ！」ということに気がついちゃいました。たとえば、他人を批判する人って自己肯定感が高いんだろうな、と思っていたのですが「あ！　自分で自分を肯定できないから人を批判しているだけなんだ！」ということです。

批判的な人って自己肯定感が低いんだ〜！というのは目からウロコでした。

自己肯定感が高かったら、人を批判する必要がないんです。

また、私は、不機嫌そうな人を見ると、「あ！　私がなんか悪いことをしちゃったのかな？」とビクビクしてしまいます。

だから、「人前で不機嫌になれる人って自分のままでいられるから、自己肯定感が高いんだろうな」と本気で思っていたんです。

でも、もし、自己肯定感が高いんだったら「私は私」という感じになるから、周りの人によって気分が影響されることってないよな！と考えたんです。

私も経験があるのですが、不機嫌になるときって「なんであの人はあんなことをするんだろう？」と、相手の気持ちをぐるぐる考えてしまうから、どんどん怒りが増幅しちゃうんです。

自己肯定感が高かったら人の気持ちなんて気にならないんですよね。だから怒りを感じてもすぐに消えてしまって、気を遣う必要なんて一切ないんです。

このように、私が気にしちゃう人ってみんな自己肯定感が低いんだ、ということがわかってきてびっくりしました。

つまり、自己肯定感が高い人は私がまったく注意を向けてこなかった人で、私が気にしていた人って、じつはみんな自己肯定感が低かったんです。

04 あなたは、こんな〝自己否定〟をしていませんか？

子どものころ、学校が終わってから友達と外に遊びに行って「わ〜い！」と楽しく帰ってくると、母親が怖い顔をして「なんでちゃんと宿題をやっていないの！」と怒られてしまいました。

「みんなと楽しく遊べている！」と自己肯定感が高まっていたのに、家に帰ったとたん、やるべきことをちゃんとやっていない「最低人間」という否定で、自己肯定感が低くなっていきます。

それから、「宿題をやってから遊びに行くって約束したのに、どうして約束が守れないの！」と怒られて、「約束を守らない最低人間」ということで、さらに自己肯定感が低くなります。

そこへ「この前のテストはどうだったの！　出しなさい！」と怒鳴られて、ランドセルの底でクシャクシャになった100点満点で5点の答案用紙を恐る恐る母親に差し出すと、ワナワナと震えながら母親が泣き出します。

「母親を悲しませる最低なやつ」と、この時点でさらに「生きる価値なし」という精神状態になってしまい、悲しむ母親の前で魂が抜けたゾンビのようにボーッと立ち尽くしてしまうんです。

大人になって一人だけでこれをやってしまうのが〝自己否定〟です。

「なんで机の上をちゃんと片づけていないんだ！」と自分を責め、「思っていながらちっとも行動しないダメ人間」と、自分を否定して自己肯定感を下げていきます。

ポテトチップスを食後に食べてしまい、一袋空けた後に「食後に食べない、と決めたのに食べてしまったダメな自分」と責めてしまいます。「意志が弱くてちっとも自制が効かないダメ人間」→「食事の後に食べるなんて意地汚い」とさらに惨めな気持ちになって「無駄遣いをする阿呆者」とダメ押し否定をして自己肯定感をさらに下げ、自分がまるでゴキブリ以下の汚い存在になったかのように思えてきます。

子どものころに母親から「これでもか！」という感じで次から次へと否定されたように、〝自己否定〟する考えがどんどん浮かんできてしまうんです。

寝る前になって、仕事をしていた昼間の出来事が思い出されて「なんで、あのときにあんなバカなことを言ってしまったんだ！」と恥ずかしい気持ちになります。

「調子に乗って相手の気持ちを考えないバカ者」という感覚になるんです。

さらに、「なんであのときに、はっきり自分が思っていることを相手に伝えなかったんだ！」という違う場面が浮かんできて、「強いやつには何も言えない弱虫」という気持ちになり、いても立ってもいられない感じになります。

自分を否定することでどんどん「自分は存在しちゃいけないんじゃないか？」というぐらいの自己肯定感の低さになってしまうんです。

では、なんのために〝自己否定〟をするんだ？と聞かれれば、「反省して、よりまともな人間になるためです」という答えになりそうです。

でも、どんなに〝自己否定〟をしても変わることがないのにそれをしつづけてしまうと、「自分って頭がおかしいのかもしれない」と、さらなる自己否定をしちゃいます。

皮肉なことに、〝自己否定〟は、すればするほど自己肯定感が低くなってしまうので、ますます「変われない」という状態に陥ります。

「自分は変われない」ということで自己肯定感が低くなるという悪循環になり、

「自分は欠陥人間なのかもしれない」と自分を否定してしまうのです。

これらは自己肯定感を下げるわかりやすい〝自己否定〟ですが、気がつかないうちに〝自己否定〟をやっている思考パターンもあります。

それは**過去のことをひっぱり出して、繰り返し検証する**、というものです。

たとえば、ずいぶん前のことなのに、

「電車の席に座っていたら、ほかにも席がたくさん空いているのに、私の横にビジネスマンのおじさんがドスン！　と座って、わざと新聞を広げて読み出した」

……「このおじさんムカつく！」というそのときの感覚がよみがえってきます。

これって一見「嫌なことを思い出してしまっているだけ！」に思えるのですが、じつは〝自己否定〟をしているんです。

そう、「自分が弱者に見えるから狙われて、ストレス解消の道具にされているんだ！」という否定の仕方なんです。

「あんなおじさんからもバカにされるダメ人間」と、知らず知らずのうちに〝自己否定〟をしてしまいます。

ほかにも、電車に乗っていたら突然、「なんで上司は他の人には注意をしないのに自分にだけするんだ！」と、職場での上司に対する怒りがわき上がってくることがあります。

でも、実際には、「自分が上司から目をつけられるような要素を持っているからダメなんだ」と、知らず知らずのうちに〝自己否定〟をしてしまっているのです。

つまり、「あいつムカつく！」とか「なんであの人は？」といった、忘れたと思っていた相手に対する怒りが突然わいてきちゃうのって、〝自己否定〟の癖だったりするんです。

相手を非難しているようで、〝自己否定〟をしているだけ。

それをすればするほど、芋づる式に〝自己否定〟がわいてきてしまい、「自己肯定感がどんどん低くなってしまう」ということになるんです。

05 あなたの「つまずき」の原因は、自己肯定感の低さかも？

私は、子どものころから自己肯定感が低くて「自分は醜くて汚くてみんなから嫌われる存在」と感じていました。

まあ、母親を泣かせる鼻水を垂らしたゾンビ状態でしたからね。

たとえばこんなことがありました。小学校のときに「ハイ！　5人ずつのグループになってくださいね〜！」と、先生が声をかけたら、「わ〜い！」とみんな仲良し同士がグループになっていきます。

私の周りでどんどん5人ずつのグループができていくのに、私は取り残されてしまいました。

41人のクラスだったので、とうとう私一人だけがグループに入ることができずに、教室の真ん中に取り残されて半べそをかいてしまいました。

そこで先生が「誰か大嶋君を入れてくれるグループはないの？」という聞き方をするので、「え～？」と一斉にブーイングのようなざわめきが起きます。「あ！　みんな私を嫌って入れたくないんだ！」と思ってしまい、ますます私の自己肯定感が下がって、惨めな気持ちになり泣き出してしまいました。

先生が面倒臭そうに「じゃあ、学級委員長のグループに入れてあげて」と言うと、「え～？」と嫌そうな声が聞こえてきます。私は泣きながら顔も上げることができずに、そのグループで仲間外れにされながら、ただ座っているだけになっていました。

これは、仲間外れにするみんなが悪いのではありません。**もしも自己肯定感が低くなかったら、自分から「一緒にやろう！」と近くの子に声をかけることができて、仲間外れになることはなかったはず**なんです。

自己肯定感が低くて「私なんて」と思っているから、「誰かが拾ってくれないかな？」と受け身になってしまっていたのです。

積極性に欠けた甘ったれたやつとは、誰も作業を一緒にしたくないわけですよね。

「一緒にやろうよ！」と声をかけてくれたとしても、完全に「哀れみ」から、ということになって「対等な関係」にはならないんです。

でも、自己肯定感が低かったので、「そんな扱いが当然である」と思いながら、「ここから消え去りたい」といつも感じていたんです。

勉強に関しては、親からいつも「やればできるはずなのに、ちっとも勉強をしない」と言われていました。

クラスで最低の点数を取ってしまっても、「どうせ自分なんて」と思って勉強をしないんです。

両親から「あんた！　そんなにみっともない点数を取って悔しくないの？」と聞かれて「悔しいです！」と答えはするのですが、**自己肯定感が低いから「どうせ自分なんかやったってダメに決まっている」と勉強をする前からあきらめてしまって**いて、集中できません。

「できる！」という感覚を、一切持てなかったんです。

子どものころから、「できると思えばできるんだ！」という話を聞いても「自分には無理」と思えて、ちっとも勉強することなんてできませんでした。

そして、後になって「あのころ、もっと勉強していたら」と、また「勉強をしなくて底辺の人生を歩んでいるダメな自分」を責めて、自己肯定感を下げてしまい、いつまでたっても、ちっとも勉強をしないダメ人間を演じつづけてしまうんです。

06 まさか「片づけられない！」原因も？

「自分は何をやっても中途半端で、何もやり遂げることができない」という感覚はこんな場面にも影響をおよぼしました。

「部屋を片づけよう！」と思っても、「どうせ自分はきれいになんか片づけられない」という気持ちになってしまうのです。

すると、片づけの作業が延々と終わらない感覚になってしまい、「どうせ終わらないんだったら」と、床に落ちている雑誌を読み出してしまったり、突然爪が気になって切りはじめたり、テレビをつけてダラダラと観つづけたあげく、「あ！　やっぱり片づけられない！」とぐちゃぐちゃな部屋を見て絶望するんです。

部屋が汚いので、人を呼ぶことができません。「あんな汚い部屋に住んでいるなんて知られてしまったら嫌われてしまう」と思い込んでしまって、部屋が自分の価値を下げる汚点になってしまいます。

カバンの中も書類がぐちゃぐちゃに丸まって、ゴミ箱化しているのに、自己肯定感が低いから「捨てられない！」となってしまいます。

でも、なぜこんなに物を捨てられないのでしょうか？

それは、自己肯定感が低くて「自分がゴミ以下」と心のどこかで思っているの

部屋を片づけよう！
♪
でも、しばらくすると……
どうせ自分はきれいに片づけられない
いつも中途半端だし
どうせ終わらないし
ピ！
本当にいいの？
マンガ

で、カバンの中のゴミですら「大切なものだったらどうしよう?」となってしまうから……。

自分の価値が高かったら「そんなのゴミだから捨てちゃおう!」となるんですけど、自分の価値が相当低いので「捨てられない!」となって、いつまでも汚いものがカバンの中に溜まっていってしまいます。

そして、案の定、こんなカバンの中身を見られたら嫌われちゃう、と思いながらもきれいにできず、実際に見られて「お前! 汚いな~!」とバカにされて惨めな気持ちになるんです。

「やればいいのに!」と誰だって思うのですが、自己肯定感が低いと「やればいいのに、自分にはやれない」「どうせ私なんて」となってしまうから動けず、周りからバカにされて蔑《さげす》まれる、という状況を作り出してしまいます。

自己肯定感が低いから、そんなふうに思ってるだけなのかもしれませんが、そこから抜け出すことができなくなってしまうんです。

私の会社員時代、自分の企画で「これがうまくいったらすごいことになるかもしれない！」という大きなプロジェクトになりそうな案件がありました。

自己肯定感が低かった私は「この企画を周りの人に認めてほしい！」と思って、「こんな企画を立ててみたのですがいかがでしょうか？」と、周りの人に自信なさげに尋ねてしまいます。

すると、「ここの部分は問題なんじゃないの？」と指摘されて「ヒエ〜！」となり、自分としては修正したくないのに「私なんて」という思いがあるから、言われたとおりに修正してしまいます。

そして、また別の人に修正した企画を持っていって「どう思われますか？」と聞いてみると、「ここが矛盾しているからおかしい！」と、適当なことを言われてしまいます。

どんどん自分が思い描いていたものから離れてしまい、みんなが勝手なことを言って、次々と書き換えてしまうので、まるでフランケンシュタインみたいに醜い企画になってしまったのです。

「え〜？　こんな企画じゃなかったのに！」と幻滅して、結局「やっぱり自分は何をやってもダメだ」と、せっかくのチャンスをどぶに捨てたような気分になってしまうんです。

自己肯定感が高ければ「人から認めてもらいたい」とか「人から理解してもらいたい」なんてことばかり考えずに自信を持って進められて、完成したときに「どうだ！」という感じになったはずなんです。

自己肯定感が低くて「自分だけじゃダメかも」と思い込んでしまったことで、周りの人に振り回され、「思ったとおりに進まない！」となるのは当たり前なのに、自分ではどうすることもできないんです。

07 「低い自己肯定感は、変えられない」と思っているあなたへ

自己肯定感が低いと、いつも頭の中には不安がいっぱいで嫌なことが次から次

へと思い出されてしまいます。

まるで、泥沼にはまってしまったような感じで、なかなかそこから抜け出せません。

「あ！　ちょっといいことがあって、不快な気分から抜け出せたかも！」と思っても、すぐにまた嫌なことがあって、不快な気分がぐるぐる頭の中を回ってしまうんです。

「なんで自分はこうなんだろう？」と思っていました。

姿かたちは十分に大人なのに、低い自己肯定感のせいで「中身は子どものまま」という感覚が変わらず、「自分はこのまま成長できないのでは？」と思っていました。

だって、子どものころからずっと変わることがないんですから。

ちょっとしたことでまるで子どものように怒ってしまうのも、いつまでも人の気持ちを気にしてクヨクヨしちゃうのも、「そうならないようにしよう！」と何度、固く決心しても変えられませんでした。

自分自身、これまでどんなに「変わろう！」と努力をしても変わることができなかったのですから、「低い自己肯定感は、変えられない」と思うのは当然なのかもしれません。

「変えられない」と思う一方で、逆に「自分なんかが自己肯定感を高くしたらダメなのでは？」とさえ思ってしまうところもあるんです。

「自己肯定感を高くしちゃダメ」と思う一番の理由は、「いい気になっていると必ず痛い目に遭う」という恐怖からです。

イソップ童話の『アリとキリギリス』ではありませんが、調子に乗っていると寒い冬が来たときに大変な目に遭う、という感覚があって、「自己肯定感を高くしたら大変な目に遭う」と思い込んでいるんです。

それまで一度も自己肯定感が高かったことはなかったのですが、「良いことがあると悪いことが起きる」という法則のようなものが自分の中にあって、「自己肯定感を高くする」のは「良いこと」だから、必ずその後に「悪いこと」が襲ってきて、「どん底まで落とされてしまう！」という恐怖がありました。

もう一つの理由が「周りの人たちに申し訳ない！」という気持ちです。

私の親はいつも辛く苦しそうな顔をして仕事をしていました。

そんなに苦しんで働いて私を養ってくれているのに、私はそれに対して何も応えられなくて申し訳ない、という罪悪感でいっぱいでした。

ですから、友達と楽しく遊んでいるときもフッと「両親は苦労して働いているんだろうな」ということが浮かんできてしまい、現実に引き戻されて楽しむことができなくなっていたのです。

その癖がついてしまったのか、自分が楽しもうとするといつも不幸な人のことが頭に浮かんでしまって、「申し訳ない」という気持ちになって楽しむことができなくなってしまうんです。

だから「自己肯定感を高める」なんて自分がやったら申し訳ない、と思っている自分が心の中のどこかに存在して、それをするのを阻《はば》んでいるのかもしれません。

だからこそ、カウンセリングに来るクライアントさんと初めてお会いしたときは、「あ！　自己肯定感が低い仲間だ！」と思えるんです。「いや～！　自己肯定感が低いって、本当に大変ですよね！」と共感できるんです。

でも、だんだんクライアントさんが回復して、自由になっていくと「あれ？　クライアントさんの自己肯定感がものすごく高くなっている！」となるのですが、でも、学生時代のアルバイトの優秀な先輩と同じように「全然鼻につかない！　私の自己肯定感の低さを刺激されない！」となっていたんです。

むしろ、「一緒にお話をしているだけで、私の自己肯定感までどんどん高まっていく感じがある！」と感動します。

自己肯定感が高くなっても誰も不幸にしないし、逆に周りの人たちがどんどん幸せになっていく姿を見て、「あれ？　私は何を恐れていたんだろう？」と疑問

がわいてきたんです。
子どものころに凧《たこ》揚げをしていて、凧の高度が低いと「すぐに落ちてきてしまう！」となるのですが、一旦高く上がってしまうと「え～？　全然降りてこない！」と困ったことを思い出しました。
一度上昇気流に乗ってしまうと、そこから落ちなくなり、自由に空を飛べる。そんな凧のように、自己肯定感が高くなったクライアントさんを見て、「私の不安はなんだったんだ！」ということになります。

「良いこと」があったからといって、「悪いこと」が起きるわけではなかったんです。

それどころか、どんどん自由になって、クライアントさんの周りで不思議なことが起きます。

自己肯定感が低い私の周りではどんどん大変なことが起きていたのに、自己肯定感が高くなると「え～！　どんどん素晴らしいことが起きていくんですけど！」となるんです。

そして、そのうちに**自己肯定感が高くなった方は「良いこと」とか「悪いこと」などが、まったく関係ない世界に行ってしまいます**。

後先のことを一切考えることなく「今」を生きられるようになっていて、それをはたから見ていて「うらやましい～！」と思えるんです。

「あ～！　自己肯定感って高くなっても大丈夫なんだ！」と心から感じられる瞬間がそこにありました。

これまで「自己肯定感は変えられない」と思っていたのは、どこかで「高くなったら大変なことになるから」と思っていたからかもしれません。

それが払拭《ふっしょく》されたら「もしかして私の自己肯定感も高くできるのかもしれない！」という気持ちになってきたんです。

自己肯定感が高くなったらどうなるんだろう？と、ドキドキワクワクする感覚を楽しめるようになってきたんです。

第2章

自己肯定感をすぐ高くする方法

08 責任感をなくしちゃうと、自己肯定感が上がる

電車の席がたまたま空いていて「あ！　ラッキー！」と思って座っていると、ご高齢者が乗ってきました。

「あ！　席を譲らなきゃ！」と瞬間的に思うのですが、「でも、待てよ！　ご本人は高齢者と思っていないかもしれないから、譲ったら相手を不快にさせるかも？」と余計なことを考えてしまいます。

同時に「こんなことを考えて言い訳をして、席に座って楽をしたいだけなのかもしれない」とも考えて、「じゃあ、譲ろうかな？」と思うのですが、「譲ったときに〝結構です！〟と断られたら恥ずかしいな！（周りの空気を悪くする）」と想像してしまって躊躇《ちゅうちょ》する……。

そうこう考えているうちに、隣に座っていた女性が「どうぞ！」と譲ってしま

って「しまった！」と後悔しちゃいます。

それで終わればまだしも、家に帰ってきてからも「他の人が譲るまで待ってい
る卑怯者《ひきょうもの》」とか、「恥をかくことを恐れる、根性なし！」という言葉が頭に浮か
んできては「自分はダメだな」と、どんどん自己肯定感が下がってしまいます。

「なんて恥ずかしい人間なんだ」と、そのことを考えていると生きているのも嫌
な気分になってしまうんです。

「こんなことを考えるから自己肯定感が下がっちゃうんだよね」と、人に話して
も「お前、それはただの考えすぎだろ！」と、笑われて終わってしまいます。

だったら考えなければいいのかな？と思っていても、同じような場面でやっぱ
り考えてしまって、「自分はダメだ〜！」と、自己肯定感がどんどん下がってし
まうんです。

これって**「責任感が強すぎ！」が原因**だったりするんです。

「自分がなんとかしなければ！」とか、「自分のせいで周りの人が不快な気分に

なっている」なんていうように、**責任感が強ければ強いほど「あれもこれも自分のせい！」と自分を責めるネタが増えて**いってしまいます。

自分を責めれば責めるほど自己肯定感が低くなりますから、ますます「私がダメだからみんなに悪い影響を与える」なんて思考してしまい、責任感がますます強くなってしまうんです。

そこで**〝責任感をなくす〟**ということをしちゃいます。

簡単です。電車の中で「席を譲らなきゃ！」と、ソワソワと考えはじめちゃったら、「責任感をなくそう！」と自分の中で思うだけ。

「いろんなことで責任を取りすぎだから、責任感をなくしちゃいましょ！」と思っていると、人の気持ちをぐるぐる考えないで「どうぞ！」と、かっこよく立ち上がって席を譲っている自分がいます。

「へー！　責任感があったほうが親切になりやすい、と思っていたけど責任感がないほうが自動的に動けるんだ！」と我ながらびっくりします。

「ちょっと自分ってかっこいいかも！」と同時に、自己肯定感がちょっぴり上がっているのに気がつくんです。

ある女性は、会社に行って、事務のお局《つぼね》様が「イライラしてる〜！」というのがわかっちゃって「私が昨日しでかしたことで怒っているのかな？」と不安になり、「なんかフォローしなきゃ！」と声をかけたくなってしまいます。

いつもだったら、こんなときにお局様に声をかけて、すごい邪険な扱いを受けて、「やっぱり嫌われているんだ！」と思ってしまい、嫌われるようなダメ人間の私、と自己肯定感がどん底になってしまいます。

そこで、**「責任感をなくそう！」と思ってみます**。

すぐに「会社で不機嫌になっているなんてバッカじゃない！」という言葉が頭の中で浮かんできて、自分でもちょっとびっくりします。

そして「バッカじゃない！」という態度でいると「あれ？　お局様が私に気を遣っている！」という現象が起きて、またびっくり。

いつもだったら、自分が気を遣って邪険にされて、というパターンがまったく逆になって、お局様が「お茶淹《い》れたから飲む？」と持ってきて、「あ、今はいいです！」と断っている自分がいて「立場が逆転！」となります。「自分って結構すごいのかも！」と、自己肯定感が上がっていき「へー！」となるんです。

あるとき、「取引先に間に合わないかもしれない！」と思ってタクシーに乗ったら「あれ？　運転手さん回り道しているじゃない！」というのに気がついて、「何をやっているんだ！」と怒ってしまいます。

こんなときに「こんな私だからなめられて、わざと高い料金を取ろうとしている！」とか「自分のダメな容姿のせいで相手になめられるんだ」と、変な考え方をしちゃいます。

怒った後も、妙に責任を感じてしまい、「運転手さんが気に病んで、仕事ができなくなったらどうしよう？」とか「私の考え方が間違っていたら、運転手さんを傷つけてしまったかも？」なんてことも考えちゃいます。

イライラしてる！
私、昨日何か
しちゃったかなぁ…
イライラ
責任感を
なくそう！
どどーん！
会社で不機嫌？
バッカじゃない？
（心の声）
私って
すごい!?
逆転
お茶
淹れてきた
え……

このように、不快な考えがぐるぐるしそうになったら「責任感をなくそう！」としてみます。

すると「ふざけんな！（真面目にやれ）」という言葉が頭に浮かんできて、自分を責めるぐるぐるがわいてこなくなります。

目的地に到着したときに運転手さんから「すみませんでした。料金は半額でいいです！」と言われたときに、いつもだったら「申し訳ないから払う」と相手の生活のことを心配して払ってしまうところを、「当然でしょ！」と半額支払って気分よく目的地に歩いていけます。

後になっても、いつもだったら「なんであんなことを言っちゃったんだろう？」とか「どうして私はいつもあんな目に遭うんだろう？」と考えて自己肯定感が下がってしまうんですけど、「よく言えたな！」とか、「半分だけしか払わなかった私ってすごい！」と自己肯定感が上がっているのを感じてびっくりします。

責任感が強ければ強いほど自己肯定感って下がるんだ！ということに気づいて、びっくり。

そこで、「責任感をなくそう！」と片っ端から責任感の呪縛から解放されていくのが、楽しくなっていくんです。

09 なんでも「御意《ぎょい》！」と従ったほうが楽になる

会社で上司から「この仕事やっておいて」と言われたとき、自己肯定感が低い人は、「え〜？　なんで私にそんな意味のないことをやらせるの？」と嫌な気分になってしまうことがあります。

「私の仕事が評価されていないから」とか、「私の態度が悪いから嫌がらせをされている」や「私を陥れようとしているからこんなことをさせる」などと考えちゃうと、どんどん「評価されない、態度が悪い、嫌われて陥れられるような醜い人間」という感じで自己肯定感が下がってしまうんです。

だから、仕事に必要な資料を読もうとしても「こんなの読んだって意味がない！」と思えて、ダラダラとネットを見てしまって時間を潰してしまいます。

そうこうしていると、先輩から「こういうふうにやってみたら？」とアドバイスをもらうのですが「そんなことをやっても意味がない！」と、やっぱりアドバイスをされたことを無視して勝手にアレンジして失敗してしまうのです。

結局「うまくいかないから意味がないじゃん！」という思い込み通りになってしまいます。

それを見た先輩から「お前なー！」とあきれられてしまうんです。

そんな状態でいると、どんどん自分の意見も聞かずに意味のないことをやらせる上司のことが嫌いになって「会社に行くのが嫌だ！」となります。

「こんな会社に行っていても意味がないのでは？」と考えてしまうんです。

でも、会社を辞めてしまったら自分を雇ってくれるところがないだろうな、と会社を辞めることを考えても、どんどん自己肯定感は下がっていくんです。

さて、じつは自己肯定感が低い人ほど「**意味がある仕事をして周りから認めてもらって、自己肯定感を高めよう！**」とか、「**正しいことをやって自己肯定感を高くしよう！**」ということを気がつかないうちにやってしまいます。

でも、じつは、それをやればやるほど「自己肯定感が下がる〜！」となってしまっているのです。

その理由は「**高潔な人であればあるほど嫉妬される**」という、〝**嫉妬の法則**〟があるからなんです。

たとえば上司だったら「私が受けるはずの賞賛を、部下に奪われてしまうかもしれない」という状況下で〝嫉妬の発作〟と呼ぶような状況を起こしてしまいます。

「正しいことをやる！」という部下に嫉妬した上司の脳は〝発作〟を起こして「意地悪な人格に変身！」してしまい、「言いたくないのに部下に嫌なことを言ってしまう！」となってしまうんです。

酔っぱらうと周りにやたらとからんでしまう「からみ酒」ってありますでしょ。

あれはお酒で〝発作〟を起こすことで別人格に変身して、言わなくてもいいことを言ってしまうのですが、嫉妬でも同じような〝発作〟を起こして、嫌なことを言って「自己肯定感が下がる！」となってしまうと考えられるんです。

だから、会社には仕事をスムーズに進めるために「報告・連絡・相談」（「ホウ・レン・ソウ」）というビジネスマナーがあります。

私の考えでは、あれは「〝嫉妬の発作〟を起こさせないため！」にあるものなんです。

部下が勝手に動いてしまうと上司の脳で〝嫉妬の発作〟を起こして「仕事がスムーズに進まない！」となるからです。

ですから「正しいor間違っている」とか「意味があるor意味がない」の判断を自分ですればするほど、「周りから嫉妬されて自己肯定感が下がる！」という現象が起きます。

そんな基準で判断することを私は〝万能感〟と呼んでいます。

そこで、「〝万能感〟を止めちゃおう！」ということをすると、周囲の嫉妬の発作が起きなくなり、「あ！　何もしていないのに自己肯定感が高くなってきたかも！」となるんです。

一見、〝万能感〟が高いほうが自己肯定感が高くなるような気がするのですが、じつは真逆なんです。

「〝万能感〟を止めちゃおう！」ということで、なんでも「御意！」と従っていたほうが「全然楽！」になります。そして、自己肯定感はどんどんうなぎ上りになり、周りからも認められるようになるんです。

また、〝万能感〟がバリバリ高くて「あれは間違っている！」とか、「あんな上司はおかしい！」と判断してしまう人は「自分の主張は正しくて間違っていない！」ということを誰かに認めてもらいたくて、「友達に相談しちゃう！」ということをします。

会社じゃなくて友達に対してだから問題ないでしょ！と本人は思っているのですが、〝嫉妬の法則〟は友達間でもちゃんと働いてしまいます。

「上司が間違っている！」と、友達に愚痴れば愚痴るほど「正しさを追い求める高潔な人」になるわけですから、友達の脳内でも〝嫉妬の発作〟が起きちゃいます。

友達は脳内の〝発作〟でいつの間にか意地悪な人格に「変身！」していて、「あんた、そんな会社辞めちゃったら！」とか「そんな上司の言うことを聞かないほうがいいよ！」と親身になってアドバイスをしているようで、じつは相手を陥れるようなことを意地悪人格で言うようになってしまうんです。

友達のアドバイスで「どんどん会社に行くのが嫌になる！」となってしまうのは、友達の意地悪人格で不快感を煽《あお》られるから。

ここで**「〝万能感〟を止めちゃおう！」**と友達に相談することを止めて、上司の言うことに「御意！」と従っていたら「あれ？　そんなに上司のことが嫌じゃなくなったかも！」となるから面白いんです。

相談すればするほど「自分がおかしいのかな？」と自己肯定感が下がって「友達に話を聞いてほしい！」となっていくのです。ところが、相談することを止めてみると、最初は「不安だ」とか「苦しい」となっていたのがおさまっていき、「たいしたことないじゃん！　会社なんて！」と思えるから不思議。

「結構自分は、仕事ができて周りから嫉妬されているのかも？」と自己肯定感もどんどん上がっていって、自信に満ち溢《あふ》れてくるんです。

「自分が正しい！」という〝万能感〟を止めてみると、自然に自己肯定感は上がっていくんです。

10 目を閉じたときの自分のイメージで自己肯定感が変わる

自己肯定感が低い人は、常に人のことばかり考えています。

それで、「目を閉じて自分の姿をイメージしてください」と言っても「あれ？全然自分の姿がイメージできないんですけど！」となってしまいます。

なぜなら、自己肯定感が低いため〝臭いものには蓋《ふた》をする〟的な感じで「自分の素のままの姿が直視できない！」となるからなのです。

自分を見ないようにして「あの人はどうのこうの！」と、常に他人に注意を向けてしまい、自分自身と向き合いません。

自分自身と向き合わなければ、どんどん自分の中の「自己イメージ」は歪《ゆが》んでしまって、「自分は本当は醜い存在なのかも？」という疑いが強くなり、「そんな自分は見たくない」と自己肯定感がどんどん低くなってしまうんです。

ですから、自分の姿をイメージできなかった人は**「姿見に自分を映してみて自分の姿を頭に焼きつけるようにする！」**ということを実践してみてください。

電車に乗っているとき、休憩時間、誰かと電話をしているときなどに「あ！　ちょっと自分の姿をイメージしてみよう！」ということをしてみるんです。

姿見にイメージするのは服を着ている自分でもいいのですが、何も身に着けていない自分がイメージできるようになったほうが好ましいでしょう。

「恥ずかしい！」とか「嫌だ！」と思うのは「自己肯定感が低い証拠！」です。

最初は「恥ずかしい」とか「気持ち悪い」なんて思うかもしれませんが、毎日の習慣にしていくと面白いことが起きます。

1日に何度も自分の姿をイメージするようになったら「あれ？　姿勢が変わってきて、自信のある態度が取れるようになってきたかも！」となります。

そして「あれ？　最近、無駄なものを食べなくなってきた！」となってびっくり。

あれほど「夜中のポテトチップスは止めなければ！」と思っていながらも止められなかったのが、「気持ち悪いから食べたくない！」となるから不思議。

そして、イメージを繰り返していると「あれ？　ちょっと運動をしたくなったかも？」と、あれだけ苦手だと思っていたジョギングをなんとなくはじめます。

すると、鏡の前に立って毎日自分の姿を頭にインプットするのが楽しみになってきます。

それまでは、自分の全身を見るのが苦痛だったのが、楽に見られるようになり、**すぐに自分の姿がイメージできるようになります。すると、「結構私ってイケてるかも！」と自己肯定感が高くなっている**からますます面白くなってきます。

ある方は「人前で発表するのが苦手」で、それをするたびにうまくいかなくて「自己肯定感がどんどん低くなる」となっていました。

「どうしたら発表が他の人のようにうまくなるのだろう？」と一生懸命に本を読んで勉強をしたり、人が発表するのを聞いて真似をしたりするのですが「うまくいかない！」と落ち込んでいました。

そこで「自分の姿をイメージする」を試してもらいます。

頭の中でイメージしてもらいますが、最初は「真っ暗で何も浮かんできません！」という反応です。

そこで、家に帰ってから姿見で自分の姿を目に焼きつけて、通勤途中でも職場でも、繰り返し自分の姿をイメージする、ということをしてもらいます。

すると、面白いことが見えてきます。

「あ！ 発表するときに下を向いていたんだ！」ということにこれまで気がついていなかったんです。

何度も上司から「声が聞こえないから、前を向いて話をして！」と言われていたのですが、いつの間にか原稿を読むことに集中してしまい、下を向いて喋《しゃべ》っていたのです。すると、発表を聞いている人の興味が下がってしまい、それを自分が感じ取って「私の話がつまらないからなんだ！」と解釈していました。

それが、自分の姿をイメージするようになってから、**背筋が伸びるようになって、発表をするときにみんなの顔を見ながら話ができるようになりました**。

それだけじゃなくて、発表しているときにも自分のしているポーズがどのように相手の目に映っているかがちゃんとイメージできるので、「あ！ このポーズのほうが自信があるように見えるかも！」と、自分でもっといいポーズに変えることができます。

すると声の張りも違ってきて「あ！　みんなが私の話を興味を持って聞いている！」と感じられるようになります。

どんどん自己肯定感が高くなって、「あなたの発表はうまいね！」とみんなから感心されるようになって「当然でしょ！」という感覚になるんです。

あれだけいろんな本を読んで勉強してもダメだったのに、「自分の姿をイメージするだけでこんなに変わるんだ！」とびっくりするんです。

自己肯定感が低いと「自分の姿を見るのが嫌！」となるから、いつの間にか体形とか顔が崩れていってしまい、「ますます自分を見るのが嫌になった！」という感じで、さらに自己肯定感が下がってしまいます。

自分の姿を見て常にイメージすることで「美しくなろう」と思わなくても、自然に容姿は整っていき、「あれ？　きれいになってきたかも！」と思えるようになるんです。

それにともなって自己肯定感もどんどん高くなり、ますます美しくきれいになっていくから興味深いのです。

「美しさは内面から」という言葉がありますが、まさに「内面」であるイメージがとっても大事であることが実感できるはずです。

11 美味しいものを食べて自己肯定感を上げよう！

私は、貧乏な家で育ったので「食い意地が張っている」と自分で思っていました。

いつも飢餓《きが》感があって「なんか美味しいものを、いっぱい食べたい」と願っていました。

だから、牛丼屋さんに入っても「大盛り！」を頼んでしまって、がつがつと食べた後に「食べすぎた〜！」と後悔して「自分はダメだなぁ〜！」と、自己肯定感が下がってしまうんです。

学生時代から、誰かと一緒にいると「美味しいものを食べさせてあげたい！」と、お金がなくても工夫して料理を作って、友達に振る舞ってあげていました。「美味しい！」と言われるのが好きだったんです。

でも、自分一人だと「パンとチーズでいいや！」という感じで、簡単に済ませてしまったり、「安いものでいいや！」という感じになってしまうんです。

ある会社で仕事をしていたときに、上司から「食事に行こう！」と誘われて食事に行ったことがあります。「安い居酒屋でいいよな、若いから」と言われて安い居酒屋に連れていかれました。

上司は結構稼いでいるはずなのに、自分は「え～！　この人ケチだな～！」と感じ、同時に「自分が大切にされていない！」という惨めな感覚になっていたんです。

その上司は、他の人を食事に連れていくときは高級な焼肉店だったりするのに、「なんで私のときだけいつも安い店ばかりなんだろう？」と思って、「自分は上司から全然期待されていないんだ！」と、自己肯定感は下がっていったんです。

でも、自分には上司に期待されたい、という願望があったため、それからがむしゃらに働きました。

そのうち、どんどん成績が上がっていくと上司が「美味しい店に行こう！」と連れていってくれるようになりました。

食事をしているときに「やっぱりいい店は違うな！」と、美味しさに感動するのと同時に「大切にしてもらっている！」という感覚が生まれます。自己肯定感がどんどん上がっていき、「もっと仕事をがんばれるかも！」と仕事の成績も、ぐんぐん上がっていきました。

その後、いつの間にか自分も部下を持つようになりました。すると、立場が逆転します。今度は部下を食事に連れていかなければならなくなって「安いところでいいよな！」と、安い居酒屋に連れていってしまいます。

そこで食事をしているとどんどん気分が落ち込んでいきます。

「なんだか自分は部下にバカにされているのかも？」とか、「自分は嫌われているんじゃないか？」という感じで自己肯定感はどんどん下がっていきます。

そして、部下に対しても、その場にいる周りの人に対しても「なんてうるさいんだ！」と攻撃的になってしまって、「あー！　なんて自分は器が小さい人間なんだ！」と落ち込むことが増えてしまったんです。

あるとき、家に一人でいるときに、食事を作るのが面倒だ！と夕食をポテトチップスで済ませてしまいました。

すると、なんだか荒《すさ》んだ気分になってしまい、結局カップラーメンを食べはじめます。

それでもなんだか落ち込んだ気分が消えないので、「甘いものを食べよう！」と思って、コンビニで買ったケーキを食べてしまったら、今度は「気持ち悪い！」となかなか寝つけなくなり、布団の中でこれまであった嫌なことをあれこれと考えてしまって、いつまでたっても眠れなくなってしまったのです。

気がついたら窓の外が明るくなってきて「悪夢だ〜！」と、嫌な気分のまま仕事に行くことになってしまったんです。

どん底の気分のまま電車に乗っているときに、「なんで、あんなに惨めな気持ちになってしまったんだろう?」と考えてみました。

まずは「自己肯定感が上がるのってどんなときだっけ?」と思い出してみると、「上司から美味しいものを食べさせてもらったとき！」というのが浮かびました。

これは自己肯定感が上がるときのことですが、これとは逆に、「もしかしたら、自分の食事なんかなんでもいいや！」といい加減にすると自己肯定感は低くなって、どんどん惨めな気持ちになる！ということが起きているのかもしれない、と思ったんです。

そこで、帰りの駅で安くて新鮮で美味しい野菜を買って「美味しいサラダを作ろう！」と思って、作ってみます。

「美味しいもの！」と新鮮なサラダを食べてみると「なんだか元気になってきた！」となったんです。

不思議とその後に余計なものを食べたくもなりません。自分がその1週間で失敗しちゃったこと、ムカついたことなんてちっとも頭に浮かばなくなって「頭がスッキリする！」となっていました。

さらに、どんどん新しいアイディアがわいてきて、「これから面白くなるかも！」とますます自己肯定感が高くなったんです。

「え〜？　美味しいもので自己肯定感が簡単に上がるの？」とびっくりします。

考えてみると、嫌なことがあって落ち込んだときって「食欲がない」という状態になって「美味しいものを作っている余裕なんかない！」となっていたのですが、それは自己肯定感が下がっている状態。

自己肯定感が下がっているときに「食事なんかどうでもいいや！」と思っていると、「自己肯定感が低いままそこから抜け出せない！」となってしまうんです。

そこで、「自己肯定感を高めるため、自分のために美味しいものを食べる」ということをしてみると、面白いことが起きるんです。

そんなことを職場の人間関係で嫌な目に遭っていた方にお話ししたんです。するとと「美味しいものが思いつかない！」とおっしゃっていたので、「では、私のレシピをお教えしましょう！」と簡単な料理のレシピをお伝えしました。

魚を買って、表面と内側に塩を振って小麦粉を表面にまぶして、油をひいたフライパンで両面を焼いて、そこに砂抜きしたアサリとオリーブの実を投入して、ワインを注いで「ジュ〜！」といったら蓋を閉めて蒸すだけ、という簡単なもの。

次のカウンセリングのときにびっくりしたのが、「あんなに落ち込んでいた方だったのに目が違う！」となっていたんです。

職場のみんなからいじめられて、職場にいられないかも、仕事をつづけられないかも?という弱気な感じがなくなって、「目に力がある!」という印象になっていました。

そして、わけを聞いてみたら「ちゃんと自分が思っていたことを同僚に吐き出したら、みんなが味方になってくれた!」という話をしてくれました。

そしたら「あの料理、毎日のように作っていたら、飽きてきたから次のレシピを教えて!」と言われて「え?」となります。

すみません! ここはカウンセリングルームでしたよね?と、私が確認したくなったのですが、うれしくなって、私のとっておきのレシピを教えてしまいました。

「美味しいもの」を食べるだけでどんどん自己肯定感が高くなっていくのは、興味深いことです。

12 トイレ掃除をして自己肯定感を上げちゃう

私が子どものころに住んでいた小さな借家は、汲み取り式のトイレでした。

小学校の友達はみんな団地とか、2階建ての一軒家に住んでいて、水洗式のトイレだったので、自分のうちのトイレが「ボットン便所」であるのが恥ずかしくて仕方がありませんでした。

トイレがみんなと違う、ということで「みっともない」とか「恥ずかしい」という感じで私の自己肯定感に強く影響していたように感じていました。

学生時代はずっと「自己肯定感が低い」と思っていたのですが、あるときをきっかけに私は変わります。

留学して大学の寮に住んでいたときは「トイレ掃除は係の人がやる！」ということになっていたので、一切自分でやったことがありませんでした。

寮から出てアパートで一人暮らしをするようになったときに、初めて「トイレ掃除をやらなきゃ！」となったんです。

トイレ掃除をしてみると、なんだかトイレがきれいなのがうれしくて、毎日やるようになります。

すると面白いことが起きました。

なんと、部屋の片づけができなかった私が、片づけもやるようになったんです。

寮で暮らしていたときは、授業のプリントが散乱していて「床が見えないかも！」という状態でした。

部屋の隅には綿埃《わたぼこり》が転がっていて、「嫌だな」と思いながらも掃除ができなかったんです。

ところが、自分でトイレ掃除をするようになったら、何も考えないで、いらない資料をバンバン捨てることができるようになりました。勉強で疲れたら気分転換に掃除機をかけるようになって、「部屋がピッカピカに！」となったんです。

もっと面白かったのは、それまで自己肯定感が低かったから、「英語がうまく喋れない！」といつもモジモジしていたのですが、授業のときでも拙《つたな》い日本人英語ではあっても、堂々と発言するようになったのです。

「こいつらには負けないかも！」という気持ちになっていて、ぐんぐん成績が上がっていったんです。


その後、日本に帰ってきて、テレビを観ていたときのことです。きれいな女優さんがインタビュアーから「どうしてそんなにおきれいになったんですか？」と質問をされていました。「なんて答えるのかな？」と聞いていると、「トイレ掃除を毎日やっていたからです！」というのを聞いて「へ～！」と思っていました。

どうやら、日本のある地方には「トイレ掃除をしたら美人になる！」という言い伝えがあるみたいで、その女優さんは実践していたそうです。

思い返してみると、父親の書棚に「経営者の哲学」みたいな本がたくさんあって、その中に「成功する社長は毎日トイレ掃除をする」と書いてあり「本当か

なんで自分は！
ダメだ
いつも自分に対する罵倒が、頭の中に飛んでいました。
でも、トイレ掃除を毎日するようになると……
毎日毎日…
しーん
あれ？
頭の中が静かになりました。

よ！」と思っていたんです。

しばらくそんなことを忘れていて、いつの間にか私はトイレ掃除から離れていました。

忙しくて戦場のような毎日で、いつも「なんて自分はダメなんだ」と落ち込んだり自己反省をしていました。

いつも頭の中は「あ～！　なんであのようにできなかったんだろう？」とか、「どうしてちゃんとはっきり自分の思っていることを伝えることができなかったんだろう？」と自分を責めて自己肯定感を低くしていたんです。

すべてのことが思うようにいかず落

ち込む毎日でした。

「どうしてこんなにうまく物事が進まないんだろう？」と苦しんでいたんです。

そんなときに、ふとしたきっかけで「あ！　トイレ掃除をやろう！」と思って、トイレ掃除を毎日のようにしはじめました。

すると不思議なことに、自己肯定感が低くていつも自分に対する罵倒《ばとう》が飛んでいた頭の中が「シーン」と静かになったんです。

頭の中のダメ出しがなくなると、どんどん自己肯定感が高くなっていき、「あれ？　仕事が面白くなってきた！」となるから不思議。

仕事が面白くなってきたから自己肯定感が高くなったのかな？と思ってもみたのですが、以前は、仕事がうまくいっても「自己肯定感は低いまま」でした。

「お～！　本当にトイレ掃除が自己肯定感を上げるのかもしれない！」と思うようになったんです。

トイレ掃除を毎日することで自己肯定感が上がって、あの女優さんもますますきれいになったのかもしれない、と考えるようになりました。

その仕組みはいろいろ考えられるのですが、私は「自分の汚い部分と向き合う勇気があるか？」ということが、つながっているような気がします。

トイレ掃除をするということは、人が見たくないような汚いところと常に向き合うことです。

そこと向き合いつづけることで、「自分の弱い部分、汚いところ」としっかり向き合って、受け入れられるようになる。だから自己肯定感が上がるのかも？と考えています。

女優を目指すある女性が、「全然オーディションで受からないんです！」と落ち込んでいました。

他の人は、自己肯定感が高いからどんどん合格して仕事を勝ち取ってキャリアを積んでいるのに、その女性は「自分は全然キャリアがない」→「自分なんかどうせ」という感じで、自信を持ってオーディションに参加できないんです。

だから、いつも「合格しなくて残念だったね」と言われて終わってしまって、このままだと一生ダメかも?と不安になり、あげくのはてに「なんでいつも私ばっかり惨めな思いをするの!」と怒りがわいてきてしまっていたんです。

そこでカウンセリングでは、「自己肯定感を高める方法!」と称して「毎日トイレ掃除をすれば、自分の汚点と向き合う度胸が出るから、オーディションに有利に進めるかも!」という話をしました。

すると「やってみます!」と女性は毎日のようにトイレ掃除をはじめました。

トイレ掃除をはじめてみると「私って、あんなに汚くトイレを使っていたんですね!」とびっくりしたようです。そして、毎日きれいにしていると気持ちよくなってきた!と感じるから面白い。

次に会ったときには「あ! 顔がシャープになった!」という変化が見られてびっくりしました。自信のなさからなのか、いつもは目尻が下がっていたのに、目尻に張りがあって「しっかりした顔をしている!」というのを見て希望を持ちました。

「それで、仕事はどうなんですか？」と質問をしてみると、「いや、相変わらずです！」と言われて「え～？　そうなのか！」と、ちょっと申し訳ない気持ちになります。

でも、話を聞いていると小さな役の仕事はもらっている様子。

「あれ？　仕事はちゃんと入ってきているじゃないですか！」となります。

女性は「いや、だって、主役の仕事はまだ入ってこないから！」と言われて、

「たしかに！」と笑いながら納得する私がそこにいたんです。

トイレ掃除をつづけていたら「主役に大抜擢《だいばってき》」もありえるのかも！と思えるから不思議です。

13 家やクルマなどほしいものをイメージして自己肯定感を上げる

受験を控えたある高校生は「自分はこの先の人生も、惨めに過ごすことになるんです！」と断言していました。「おー！　自己肯定感がものすごく低いな～！」と逆に感心してしまいました。

「受験したって結局たいした大学には入れず、卒業できても人間関係がうまくいかないので就職だってつまらないところにしか入ることができない。そこに入っても誰からも認められず、ずっと窓の外を寂しく眺めるような人生になるんです」と言うのです。

「おー！　なんだかわかる～！　私もそんな時期があったなー！」と懐かしく振り返っていました。

自己肯定感が低いといっても、「自分にはもしかしたら素晴らしい能力があるのかもしれない?」と、心のどこかで思っています。ただ、「誰からもそれを理解されないで人生が終わってしまうような気がする」という絶望感が強く、「何も前向きなことをすることができない」という状態に陥ってしまうんです。

だから、その学生さんも勉強は一切できなくて、ゲームと本を読むのに明け暮れる毎日でした。

たしかにこのまま勉強をしなかったら、学生さんが言っているような人生になってしまうのかもしれないな、と思うんです。

でも、学生さんの自己肯定感が低いからどうすることもできません。

どうやったら簡単に自己肯定感が上がるのかな?と考えていたら、私の頭の中に「スポーツ・カーの「フェラーリ」が浮かんできました。

「あれ? なんだこれは?」と不思議に思ったのですが、学生さんに「もしかしたら、車が好きなの?」と聞いてみました。

すると「はい! 大好きです!」とキラキラした目をしながら答えてくれまし

た。

「もしかして、フェラーリって好きなの？」と聞いてみると「一番好きな車です！」とアニメのキャラクターのような、生き生きした声で答えてくれて「お〜！」となります。

学生さんはフェラーリの種類と、そのエンジンの出力とそれぞれの車の由来を私に教えてくれたんです。

「その中で、どれが一番ほしいの？」と聞いてみたら、学生さんはあっけにとられていました。

「うちの父はずっと国産車に乗っていて、フェラーリを買えるような経済状態にはないと思うんですが」と言います。

「いや、お父さんが買うんじゃなくて、あなたがほしいのはどれ？　と質問しているんだけど」とつづけると、学生さんは「う〜ん？」と悩みながらやっと1台を決めてくれたのです。

その値段を聞いてびっくり！　「でも、あの職業について、3年かけてあの年収になったら、フェラーリは購入可能だと思うんだけど」と伝えたら、学生さんの目がキラキラと輝きはじめます。

あの職業につくには、現在の勉強時間を１日２時間からはじめて、２カ月で４時間に増やしていくだけで、あの大学に合格する確率がグンと上がるから、フェラーリに近づけると思うんだけど、と伝え、その日のカウンセリングは終わりました。

そして、後日、その学生さんの両親が驚いた様子で、

「あの子、勉強するようになったんですけど！」

と伝えてくれて、私はちょっとうれしくなります。

あんなに自信なさそうにしていた子が、なんだか楽しそうに勉強をしていて、時々、食事をしながら「フェラーリ、フェラーリ」ってつぶやいているんですけど、「うちの子は大丈夫でしょうか？」と聞かれて吹き出しそうになってしまいました。

おー！　本当に**ほしいものを思い浮かべるだけで自己肯定感が高くなって、それまでできなかったことができるようになる！**というのを見てびっくりします。

そのとき、あのフェラーリ好きで英国のバレエ団のプリンシパルまで務めたバレエダンサーも、「フェラーリ、フェラーリ」って思っていたから自己肯定感があんなに高くなって、トップに上り詰めたんだろうな！ということを思ったんです。

その後、学生さんは勉強をつづけて、目標の職業につくための大学に入学することができました。

私は、ほしいものをイメージして自己肯定感を高めると、こんなにも変わるんだ、ということにびっくりしたんです。

自己肯定感を高めると、それまでいくら努力してもできなかったことが簡単にできるようになるんです。

自己肯定感を高めるためには「ほしいもの」をイメージすることです。「ほしいもの」はなんでも大丈夫です。

たとえば「高級マンション！」でもいいんです。

「そんなの無理！」と思ってしまうのはよくわかります。

でも、この方法は「ほしいものをイメージするだけ」という便利な方法です。

「嫌だな！」とか「自分ってダメだな！」と自己肯定感が下がっているときに、自分がほしいと思うものを、「高級マンション！」というように具体的に頭に浮かべます。

すると「あれ？　嫌な気分がなくなっていく！」となります。

さらに、それを繰り返していると「あれ？　だんだんと自己肯定感が上がってきた！」となるから不思議なんです。

本当にほしいものを思い浮かべたときに、「自分には無理！」と思ってしまうのが自己肯定感の低さなのかもしれません。

だから、自己肯定感が低い人は「本当にほしいもの」を自分の意識に上ってこないようにしてしまうんです。

そこで「嫌なことがあるたびに、ほしいものをイメージする」を繰り返していると、自己肯定感が低い自分がやってしまうことと、逆のことをやることになりますから、自己肯定感を低くする習慣が変わって、自己肯定感が高い本来の状態に戻ることができるんです。

14 集団の中でみんなとのつながりを感じて自己肯定感を上げる

昔、看板屋のアルバイトをしていたことがありますが、東京の中心地で看板を取りつけていたときのことです。

ちょうど作業が出勤時間に重なっていて、道行く人は立派なスーツを着て颯爽《さっそう》と歩いています。

一方の私は寒い冬空の下、作業着姿で、かじかむ手を息で温めながら必死で重たい看板を支えています。

頭上で、重い看板を取りつけているのが歩いている人には目に入っていないのか、スーツを着て歩いている人たちは、バリケードをすり抜けて取りつけ中の看板の下を歩いてしまいます。

「危ないから下を通らないでください！」と声をかけても、まったく耳に入っていないような感じで、私たちを無視して通り抜けていきます。

そんなときに私は「あー！　本当に惨めだな」と感じます。

まるで存在していないような扱いを受けちゃうこの姿。

「自分は虫けらぐらいにしか認識されていないんだろうな」と思ったら、どんどん自己肯定感が低くなって、歩いている人たちにものすごい怒りがわいてきてしまったんです。

あるとき、別の街で同じような状況になっていて、今回は私が通行人の交通整理をして安全を確保する、という役割をすることになったんです。

そのときに「また、スーツを着た人から無視されて嫌な思いをするんだな」と気が重くて、「この仕事したくないな！」と思っていました。

そんなときに心理学の教授がしてくださった、**「人とのつながりを感じることで人は変わることができる」**という話をフッと思い出したんです。

「人とのつながりを感じる」ってどうやってやるんだ？と疑問に思います。作業着を着た私は、スーツで歩く人たちとはちっとももつながりを感じられませんでした。

それでも、道行く人々を見ながら**〝みんなとつながっている〟と自分の頭の中で唱えてみました**。

人が行き交うなか、その人たちを眺めながら〝みんなとつながっている〟と唱えていると、「あれ？　自分だけじゃない！」という不思議な感覚がわいてきました。

みんな不安でみんな怖がっていて、そしてみんな自分と同じなんだ……と思えてきたんです。

すると、それまで歩いている人と目が合うことはなかったのに、急にいろんな人と目が合うようになって、私の指示通りにちゃんと作業現場を避けてくれるようになったのです。

私が声を出さなくても、私がただ笑顔でうなずいただけで、私の導く方向にちゃんと避けてくれて、面白く感じるほどです。

そんなことをしていたら、私の惨めさはいつの間にか消えていき、自己肯定感が高まっていくのを感じました。

「この街で、この街の顔を変えることができる看板を取りつけている自分はすごいかも？」と、それまでとは真逆の考え方をしているのがおかしくて、ニコニコしながら人を誘導している自分がそこにいたんです。

「外に出るのが怖い」という、ある引きこもりの子の相談をしているときに、そんな看板屋のアルバイトのことを思い出していました。

引きこもりの子は「自分のことをバカにするように見る人の目が怖い」と言っていて、「わかるそれ！」と、あの街で体験したあのときの感覚がよみがえっていました。

人とのつながりを感じることができないと、自己肯定感ってどんどん低くなるものなんだな、とそのときあらためて実感したんです。

その引きこもりの子は「自己肯定感を高くして、自分がしたいと思うことが自由にできるようになりたい！」と言っていました。

「でも、このままだと絶対にそれができない」ということも、わかっていたんです。

そこで、引きこもりの子に、近くのたくさん人が通る駅で夕方6時から1時間、**ベンチに座って人を眺めながら〝みんなとつながっている〟と唱えることを繰り返してもらう**、という「自己肯定感を高めるトレーニング」をすすめました。

自己肯定感も筋肉のようなもので、少しずつトレーニングをすれば強くなっていくから、と伝えたんです。

引きこもりの子は「本当ですか？」と、半信半疑ながら駅前のベンチに座って

第3章

「低い自己肯定感」は、変えられる

15 過去の失敗を赤裸々に書き出してみる

カウンセリングをしていて、最初は「この方は自己肯定感が低いな〜！」という印象がある人でも、過去の心の傷を治療していくと、いつの間にか私の自己肯定感をはるかに超えたものになっていくことがあります。

それを見たときに「あ！　今までは、過去の心の傷に触れられて、ダメージを受けたくないから自己肯定感を低くしていたんだな」と思うことがあるんです。

私は子どものころから「自分は勉強ができない」と自己肯定感が低くて、勉強をしませんでした。

勉強ができないんだったら、努力すればできるようになるかもしれないのに、自己肯定感が低いから「やっても無駄」と逃げていたのです。

これを「自分を守っている」と見るならば、「何から自分を守っているんだ?」と考えてみます。

勉強にまつわる心の傷を探ってみるんです。

もちろん「心の傷」は痛いものだから、「見たくない!」という気持ちが働いてしまうでしょう。でも心配はいりません。**実際には、心の傷をちゃんと見てみると、むしろ面白いことが見えてくる**んです。

私が「勉強の心の傷」と思った場合にどうなるかというと、小学校2年生のとき、みんなの前で教科書を音読したら間違えてしまって、クラスのみんなから「わーい! 間違えた〜!」と囃《はや》し立てられたことが思い出されました。

先生もただ笑って、ちっとも守ってくれなかった惨めな記憶です。

その記憶をさらに進めてみると、私は泣き出して、教室から飛び出してしまい、誰もいない真っ暗な家に帰ってしまったのです。

そして、子どもの私は押し入れに入って泣きながら、「このことが親に知れたらどうしよう?」と恐怖で怯《おび》えていました。

まるで極刑を待つ囚人のような気持ちで、ずっと押し入れの中で怯えていたんです。

やがて、母親が仕事から帰ってきて、家の電話が鳴りました。

母親が電話を切った後に、ものすごく張りつめた緊張の空気が漂ってくるのを感じます。

そして、隠れていた押し入れを「バン！」と開けられて、私はそこから引きずり出されて「なんで学校から泣いて飛び出してきたの！」と、ほっぺたに往復ビンタをされます。

「ごめんなさい！」と泣きながら訴えますが、「ごめんなさいを言うんだったらどうしてそんなことをやるの！」と、今度は頰を思いっきりつねられて上下に揺さぶられました。

赤くはれた頰を押さえて泣きながら、「ごめんなさい！」を連発しても許してもらえません。

こんなに叩かれて、つねられて痛い目に遭ったのに、「お父さんが帰ってきたら言いつけるからね！」と言われて、恐怖します。

これだけ酷《ひど》い目に遭ったのに、また酷い目に遭う、と再び極刑を待つ囚人のような気持ちで「これが夢であってくれたら」と思うのですが、父親の車の音と共に現実に直面させられます。

「なんで男なのにメソメソと泣くんだ！」と、父親が鬼の形相で私を柔道技で床に叩きつけます。

背中を打って「ウッ！」と息が吸えなくなって、のたうちまわりながら一生懸命に息を吸おうとします。

「男だったら泣くな！」と言われても苦しくて惨めで涙が溢《あふ》れてきてしまい、涙を止めようと必死になって立ち上がったら「どうして泣くなと言っているのに泣くんだ！」と言って、また床に叩きつけられます。

こんな酷いことをされている私を見て「母親は止めてくれるのかな？」と期待して母親のほうをちらっと見ると、部屋の向こうで掃除機をいじっていて、こんなに苦しんでいる私をちっとも助けようとはしてくれません。

泣きながら「ごめんなさい！」と言っても許してもらえず、苦しんで惨めになっている私の気持ちを誰も理解してくれない。

そんな惨めな私のせめてもの抵抗が、「勉強をしない」だったのかも？と、書いているうちに思えてきます。

すると、不思議と「よくやってきたな〜！　子どものころの俺！」と感じられるようになりました。

「よく耐えてきたね！」と優しく自分の頭を撫でてあげたくなったときに、不思議と自分の中の低かった自己肯定感がいつの間にか高くなって、「今だったら勉強できるかもしれない！」と思えたんです。

〝自分の過去の振り返りたくない部分を書いてみる〟ということをやってみると、低かった自己肯定感が高くなります。

ポイントは「高くしたい自己肯定感を一つに絞る」ということです。

勉強だったり、人間関係だったり、集団の中の発言だったり、なんでも大丈夫です。

たとえば、人間関係だったら「人間関係の心の傷」と思って、浮かんでくる嫌な記憶を赤裸々に書き出してみます。

赤裸々ですから、恥ずかしい気持ち、見たくない事実、そして自分の苦しみなどを思いっきり文章の中で表現してみます。

このときに、相手に対する「責め」の言葉は書きません。

なぜなら、自己肯定感の低さは「自分の弱点を守っている」という可能性があるから。

弱点とは「過去の恥」や「暴かれたくない惨めな感情」などを無意識に見えないようにして、自分を守っているということです。

過去の登場人物に対して怒ってしまうと、自分の弱点から目を背けてしまい、それを暴くことができませんから、「自己肯定感は変わらない！」となってしまいます。

できるだけ自分が見たくない、自分の「恥」の部分を書き出してしまうんです。

書いているうちは苦痛で、何度も中断したり、途中で投げ出したくなるのは「自己肯定感の生みの苦しみ」であると思ってください。

「う～ん！」とうなりながら書きつづけて、そして、書き上げたものを読んでみると「あれ？　自己肯定感が高くなっているかも！」と思えるようになります。

その状況に耐えて、これまでなんとか生きてきた自分を誇りに思えるようになっていて、「結構自分ってイケてるじゃん！」と思えるようになったりするんです。

16 人前で自分を否定したり卑下しない

ジョギングで汗を流して帰ってきたときに、同じアパートに住むおじさんが「健康的でいいねー！」と声をかけてくださったことがありました。ところが私は、「これ病気の予防でやっているだけなんで」と、余計なことを言って会話がつづかなくなってしまったのです。

会話がつづかなくなって「なんで、自分は余計なことを言ってしまうんだろう？」と、嫌な気持ちになって「自分はやっぱり人とうまく会話ができない」とダメ出しをして自己肯定感が低くなってしまうんです。

また、別の日には、買い物に行ったときに「いい靴を履いているね！」と、お店の人からほめられたら「これ、安物でセールのときに買ったんで」と言ってしまう。

やっぱり次の瞬間に、お店の人は興味を失ってしまって会話がつづかなくなって、「やっぱり自分はダメだ」と自己肯定感がどんどん低くなってしまいます。

なんで相手の気分を盛り下げるようなことを言って、自己肯定感を低くするよ

うなことをしてしまうのだろう？と考えるんです。

すると、子どものころに、おばあちゃんから青色のバットを買ってもらって「わーい！　いいでしょ！」と友達に自慢をしたら、友達は「そんなのすぐにぶつけて傷ついてボロボロになるんだから」と地面にバットを叩きつけられて、新品のバットに傷がついて「ワーン！」と泣いてしまったことを思い出しました。

自分が喜んでいたら嫉妬される……。

学校で先生からほめられて、わーい！とうれしくなって家に帰って、父親に報告したくて玄関で待っていて「お帰りなさい」とニコニコしながら挨拶をしたら「こんなことをしている暇があったら、なんで勉強しないんだ！」と引っ叩《ぱた》かれたことも……。

だから、うれしそうにしていると必ず怒られる、と思っていたんです。

いつの間にか、人からほめられても「喜んだら嫉妬される」という恐怖を感じるようになり、それを打ち消すために「自分を卑下する」ようになっていました。

自分としては「謙虚に振る舞っているから、なんの問題もないはず」と思っていたんです。

でも「自分はたいしたことないです」と、自分を卑下して謙虚に振る舞えば振る舞うほど、友達が私から離れていきます。

私はこれにずっと悩んでいて、「謙虚さが偽善的に見えるからかな？」と思っていて、「でも、本当に自分がダメだと思っていて嘘をついているわけではないのにな」と考えていました。

あるとき、クライアントさんの話を聞いていて「私はダメなんです」といろんな人に話せば話すほど、どんどん身体の調子が悪くなっていく！という現象を見たときに「あ！　謙虚に振る舞えば周りの人から逆に嫉妬されてボロボロになっていくんだ！」ということに気がついてしまったんです。

クライアントさんに「謙虚に振る舞うと嫉妬される」という話をして、それを止めてもらったら「身体の調子が良くなった！」となって、どんどんクライアントさんの自己肯定感が上がっていったことから**「嫉妬されると自己肯定感が低くなってしまうんだ！」**ということがわかりました。

〝自己卑下〟とか〝自己否定〟をすることで自己肯定感が低くなってしまう、というよりも「周りから嫉妬の攻撃をされるから自己肯定感が下がる」ということがよく見えたんです。

たしかに、自分の過去を振り返ってみると、私が謙虚に振る舞って〝自己否定〟したときは、相手の顔が「チ～ン！」と能面のような顔になってしまって、表情がなくなります。

テレビを観ていて、ある女優さんがほかの女優さんの発言で嫉妬したときに「あ！　やっぱり能面のような顔になっている！」というのに気がつき、「あの表情って、話が面白くないのではなくて、〝嫉妬の発作〟を起こしているときの表情なんだ！」ということに気がつきました。

どうやら「嫉妬」は、高尚（知性や品位が高く上品なこと）とか高潔（気高く立派で、汚れがないこと）な人に向かって起こるみたいなんです。

「私なんてダメなんです」という謙虚さは「高尚」や「高潔」に見えてしまうから、〝嫉妬の発作〟を相手に起こさせてしまいます。

その〝嫉妬の発作〟を受けたときに「自分はダメなんだ」と自己肯定感がどんどん低くなってしまうだけだったんです。

嫉妬をされないように謙虚に振る

舞っていたはずなのに、逆に嫉妬を受けて自己肯定感が低くなってしまっていたんです。

では、どうすればよいのでしょうか？

具体的には**「人に自分の問題を相談しない」とか「ほめられたらそのまま受け取る習慣をつける」ということを繰り返す**だけでよいのです。

人に「上司からまた怒られて、自分はドンくさくて、いつも目の敵《かたき》にされちゃうんだよな」などの相談はしないこと。

というのは、あなたは、相手が「あなたはそんなにドンくさくないよ！」と否定して慰めてくれる、というのを期待してそんな相談をしてしまうのかもしれません。ところが、言葉でそれを返してくれたって、相手の脳の中では〝嫉妬の発作〟が起きてしまうので、結局は後になって「あの人にあんなことを言わなければよかった」という気持ちになってしまうんです。

それは、口では味方になっている体《てい》なのですが、相手の頭の中では「この人ずるい！」と嫉妬し攻撃することになるから。

だから、どんどん自己肯定感が低くなって「まずいことしちゃったな」と後悔しちゃうんです。

「いいね！　それ！」と言われたときも「ありがとう！」とか「いいでしょ！」と答える習慣をつけちゃうと、「あれ？　どんどん自己肯定感が高くなっていく！」と感じるでしょう。それは、謙虚に振る舞ったがゆえの嫉妬をされなくなるから。

自己肯定感って意外なことで高くなるんです。

17 人ごみの中で他人が自分のことをどう思っているかを考えない

私は、道を歩いていると、ビルのガラスなどに映る自分の姿を見て「おー！自分ってこんな歩き方をしているんだ！」ということを、ちょっと確認したくなります。

デパートとかで鏡があると、ちらっと「自分って今どんな顔をしているんだ?」と見てみたくなることがあります。

これって癖のような感じで、1回確認しはじめると、ちょっとでも自分が映る場所を見つけると「また見たくなった!」という衝動に駆られたりするんです。

それってなぜ?と思ったら「鏡によって微妙に角度が違ったりして、自分の見え方が違うから」。

家の鏡で見るのと、外に出たときに、外の風景に紛《まぎ》れて映っている自分の姿を見るときでは見え方が違っています。

「周りの人から見たら自分はどのように映っているのだろう?」と思わず確認したくなってしまうんです。

こんな感じで、人の中にいて「あの人の目には私はどのように映っているのだろう?」と考えたり想像してしまうと、自己肯定感は低くなってしまいます。

たとえば、電車の中で、女性がちらっとこちらを見て、そして下を向きます。そんなときに「あの人は、私のことを素敵と思って見たのかな？」と想像して、ちょっと期待したりするのですが、次の瞬間には「すぐに目を背けられてしまったから〝気持ち悪いやつ〟と思われてしまったかも？」と不安になるんです。

一方、男性からちらっと見られたときには「あ！　こいつは私のことをバカにして見下している」というようなことを想像してしまって、「自分は人からバカにされるようなダサい人間」という感覚になってしまいます。

こんな気持ちで会社に行って「私ってそんなに変かな？」と女性社員に確認したら「う〜ん？　そんなに興味がないかな？」と言われて、さらなる「ショック！」を受けます。

女性から興味を持たれないような意味のない人間なんだ、と思ってますます自己肯定感が低くなって、「自分には価値がない」という感覚になってしまうんです。

これって、自己肯定感が低いと「相手がどう思っているのかを悪い方向に想像しちゃって、落ち込んでいるだけなのでは?」と考えるかもしれません。

でも私は、実際には「脳のネットワークで注目した相手と脳がつながってコミュニケーション」を取っている可能性があるからでは?と思っています。

それは、「虫の知らせ」とか「以心伝心」といわれるような「言葉を使わなくても、脳のネットワークで相手の考えていることが伝わってくる」というものです。

「だったら、相手は本当に私のことを気持ち悪い、と思っているのかも!」となるのですが、それは当然のことだったりするんです。

一般的な人には〝優劣の錯覚〟というものが備わっています。

「自分は平均よりも上!」という錯覚を起こしている、ということです。

ですから、電車の中にいても「私はみんなよりもちょっと素敵!」という思いがあって、その人の脳のネットワークにつながったときに「あなたは私よりも下！」という感覚が伝わってくるから、こちらのほうは「自分はダサい！」という感覚になってしまうのです。

一般的な人はほとんど〝優劣の錯覚〟を持っているので、「あの人から私はどう見られているのだろう？」と想像してみると、「どんどん自己肯定感が低くなる」のは当然のことなのかもしれません。

さらに、赤ちゃんが0歳から1歳の間に、夫が浮気をしていたり、姑《しゅうとめ》との葛藤があって、母親が「赤ちゃんを愛情を持って抱きしめられない！」という状況があったりすると、その赤ちゃんは「**人間に対する基本的信頼感がない！**」となってしまいます。

周りの人を自分と同じ人間、という認識ができなくなり、「気持ち悪いゾンビのような存在」としか思えなくなってしまいます。

そんな人は電車の中にもゴロゴロいて、そんな人から見た私はどんな存在に見える？と、脳のネットワークでつながっているところを想像したら、「私は気持ち悪いって思われているかも！」と不安になるのは当然のこと。

「あの人は私のことをどう思っているのかな？」というのは、脳のネットワークによって、相手から見た自分の姿を確認しているのですが、ほとんどの脳は「歪んだ鏡」状態なので、それをすればするほど「どんどん自分の姿が歪んで醜く見える！」という感じで自己肯定感は低くなってしまうんです。

「自分ってダサいかも？」とか「自分の容姿に自信がないかも？」と不安になっているときって、周りの人に映った自分の姿を脳の中で確かめちゃっているから。

「私って大丈夫かしら？」と不安になったら、「自分の姿は自分でしかわからない」と自分の中で唱えてみると「あー！　歪んでいただけなんだ！」と思えて、自分で修正していくんです。

「おせんべいを食べるのが止められない」と悩んでいらっしゃったある女性にこの話をしたら、「なるほど！」と帰っていかれました。

その女性は、「自分はぽっちゃりしている」とか、「なかなか痩せることができない」と思って苦しくなると、そのストレスを解消するために「おせんべいが食べたい！」となっていましたが、そのときに頭の中で「自分の姿は自分でしかわからない」と唱えてみるのです。

すると「おせんべいは必要ないかも！」と、フッと手放すことができて楽になります。

「自分の姿は自分でしかわからない」と頭の中で唱えたときに「あ！　ぽっちゃりしていて醜い！は母親の歪んだ鏡に映った私なのかも！」というのがわかった気がしたんです。

「痩せられない」と思ったときも「自分の姿は自分でしかわからない」と自分の中で唱えてみたら、「そんなことはないかも！」とみるみる痩せていきます。

歪んだ鏡で自分の姿を見ていたからどんどん歪んでしまって自己肯定感がこんなに低くなっていた、ということに気がつき、いつの間にか自分が理想としていた体形を手に入れてどんどん自己肯定感が元に戻って高くなっていました。

そうなんです。**「自分の姿は自分でしかわからない」**のです。

18 自分が属している集団の自分の位置関係（ランキング）を確かめる

私は、子どものころから「人に上下関係をつけちゃいけません！」と道徳的に教えられてきました。

「みんな平等！　そして人のことを見下してはいけません！　誰のことでも尊敬しなければなりません！」と言われて、真面目にそれを信じて実践してきました。

学生時代には「人のことをバカにしたり、見下しちゃいけない！」と思っていつも腰を低くしていたのに、友達からはバカにされて蔑まれているように感じていました。

そして私は「ダメなんだ、みんなよりも低い存在なんだ」と、自己肯定感が低くなってしまったんです。

仕事をするようになって他人と接したときに、「この人は仕事ができない！」とフッとよぎっても「この人にもいいところがあるに違いない！」と一生懸命に尊敬しようとします。

すると、仕事ができない人からもバカにされるようになり、「自分は誰にでもバカにされるダメ人間」と、ますます自己肯定感が低くなってしまうんです。

仕事ができない人からバカにされて蔑まれて、自己肯定感が低くなっていると、気がついたら自分も仕事ができない人になっていたんです。

どんどん自己肯定感が低くなって、どん底になっていたときに「えーい！　上下関係は解禁！」と自分の中で禁じていたものを使うことにしました。

「職場の能力のランキング〜！　パッパカパ〜！」という具合に、10人いたら10位から1位までランキング形式で正直に出してみたんです。

それまでは「みんなそれぞれ能力を持っていていてすごいな！」という感じでお茶を濁《にご》していたのですが、ランキングをつけてみてびっくり！　なんと自分が上司とタイの1位だったんです。

「え〜？　自分って結構傲慢《ごうまん》なのかも？」と思ったのですが、そのランキングのまま仕事をすると面白いことが起きました。

「下の連中に越されないように！」と仕事をがんばるようになったのです。

さらに「絶対に追いつけないようにしてやろう！」と思って仕事をしていると、「どんどん自己肯定感が高くなっている！」という感じで、誰に対しても物怖《お》じしなくなっていきます。

それまではビクビクしていて「偉そうにしている人には怖くて近づけない！」

となっていたのですが、まったくそれがなくなって対等に話せる自分がそこにいました。

相手がいくら偉そうにしていても、自動的に私の中で相手を含めた人のランキングをつけてみると「私のほうが上！」となって、**実際にその態度で仕事を進めたほうがスムーズに進む**から不思議でした。

これまでは「謙虚に振る舞わなければ、みんなから嫌われて仕事がうまくいかなくなる」と思って思いっきり腰を低くしていたのに、「え〜？　ランキングをつけたほうが仕事はうまくいくの〜⁉」というのには我ながらびっくり。

ランキングが下の相手に「抜かされた！」と思ったら、そこから自己肯定感が下がって努力ができない、なんてことがなくて、「負けないぞ！　自分がどんどんバージョンアップされる！」という具合になりました。

そして、ランキングを下につけたからといって、別に相手を見下したりしない自分もいて「へー！」と思ったんです。

今では、自己肯定感が低いから人のことをバカにしたり見下したりするだけなんだ！ということがはっきり実感できます。

自己肯定感が高ければ、人のことを見下したりはしません。

以前のように、ただなんとなく腰を低くしていた自分のほうが、心のどこかで相手を軽蔑してバカにしていたような気がするのですが、そのごちゃごちゃした感情が一切なくスッキリしていて、身軽でどんどん自己肯定感が高くなっていくんです。

ある役者さんが「役者部屋に偉い役者さんたちがいると萎縮《いしゅく》しちゃって、その後の演技がうまくいかなくて困っている」というお話をされていました。

緊張しちゃって、本番でドキドキしちゃって「自分の実力が全然出せない！」となって、「仕事がなくなるかも！」という不安に駆られてしまうんです。

そこで「役者部屋をイメージしてみてください！」と役者さんにお願いします。

そこにいるメンバーを確かめてみると7名いました。

そして「7名の演技力、役者の魅力ランキングを今ここでつけてみましょう！」ということをお願いしたら、「え〜？　そんなことできませんよ〜！　私が一番下なはずだから〜！」とおっしゃったんです。

そこを無理やりランキングをつけていただくようにお願いすると、「やっぱり私が一番下のランクになっているんですけど！」との答え。

そこで「今度は正直に誰の目も気にしないでランキングをつけてみましょう！」とお伝えすると「え〜？　正直にですか？」と言いながらランキングをつけてもらうと「あれ？　私って**自分が上から2番目だと思っていた！**」となります。

「へ〜！」と私はちょっとうれしくなります。

「先輩たちからの嫉妬が怖くてあえて自分を低くしていた」→「それをやるから先輩たちが威圧的な態度を取ってきて、うまく演技ができなくなっていたんだ！」ということに気がつきました。

その後「あ！　謙虚に振る舞わなくていいんだ！」とうれしそうに帰っていきました。

そして、次のカウンセリングのときに「先輩たちが気を遣ってくれるようになって、本来の自分の演技ができるようになりました！」と教えてくださいました。

ランキングをつけることで、下の人たちが気にならなくなり、上だけを目指していけるのです。すると、自己肯定感が高くなって、先輩を超えて、いつの間にかファンクラブが立ち上がっていて、という具合に周りも変化していったんです。

〝正直にランキングをつけてみよう！〟は、自己肯定感を簡単に引き上げてくれるんです。

19 過去の思い出の物を整理する

アメリカで「心の傷」を専門に研究している博士と話をする機会があって、その博士が「記憶って時間とともに美化されていくんですよね！」と教えてくださいました。

博士のお祖父さんは、第二次世界大戦のときに日本軍と戦って捕虜《ほりよ》にされてしまって、終戦直後は「日本人め〜！」と日本人のことを嫌っていたそうです。

それが時間と共に記憶が美化されていき、やがて「日本人は戦友だ！」というような感じに変わっていったのです。

じつは、私にもそんな経験がたくさんあることに気づかされました。

かつて、嫌いだった物理学の教授がいたのですが、現在では「あの先生のおかげで今の自分がある」と感謝しているおかしな自分がいます。

教授のことを嫌っていたときは、「自分は物理の勉強が苦手でまったくできない！」と自己肯定感が低かったのに、教授の記憶が美化されていくにしたがって、「自分は物理が好きなのかもしれない！」と自己肯定感が高くなっていることに気づかされるんです。

あるとき、カウンセリングの中で「あれ？　なんで20年前の嫌な記憶が美化されていかないんだろう？」と疑問に思ったケースがありました。

20年の時間の経過とともに記憶は色あせて、淡いセピア色になって美化されるはずなのになんで？と思っていたら、「昔の物が部屋いっぱいにある！」というお話を聞いて「なるほど！」とあることに気がつきました。

「物が捨てられない！」という方はたくさんいらっしゃいます。

「そんなの捨てちゃえばいいじゃない！」とみんなは言うのですが、じつは「もったいないから捨てられない」という単純な理由のほかに「物に記憶が条件づけられているから捨てられない」という面白い理由があったんです。

要するに、物を捨ててしまうと過去の記憶が失われてしまって、自分自身が保てなくなる不安です。

誰でも、「記憶で人格ができている」という感覚がありますから、過去の記憶が物を捨てるとともに失われてしまったら、自分がまったく違う人間になってしまうかも？という不安があったりするんです。

たしかに、その不安はあながち間違っていなくて、物に条件づけられていない記憶は劣化していきますから、不快だったものまでいつしか美化されていきます。

記憶が美しく変化していくと、それまで「不快」や「苦痛」で低かった自己肯定感が、美しい記憶によっていつの間にか高くなって美しく輝いてしまったりするんです。

でも、人には「美しく輝いてしまうと周囲から嫉妬されてしまう」という恐怖があるから、それを避けたくなる、という癖があったりするんです。

その癖が、物をどんどん捨てることで変わっていったりするから興味深いんです。

20年間、過去の恨み、つらみを消せなかった方が、昔から大切に取っていた、大量の雑誌をまとめて資源ごみに出しました。

すると、しばらくして記憶の忘却がはじまって、不快な記憶がどんどん抜けていって、やがて美しい記憶だけが残るようになっていきます。

あんなに怒りと憎しみにまみれていたのに、そこから解放されて「自分はよくこれまでやってきた！」と武勇伝に変わったときに、「あ！　自己肯定感が高くなっている！」と感じることができるんです。

自己肯定感が高くなっていくとともに、その方がどんどん美しく輝く姿を見て「自分も物を捨てよう！」と、家に帰ったら慌てて「もったいない」と思っていた物を捨てはじめたんです。

実際に捨ててみると「あ！　自分が変わらないように、自分に対する戒めのように物を取っておいたんだな！」ということがわかってきました。

自分が変わって自己肯定感が高くなってしまうことを、心のどこかで恐れていた自分を感じることができたんです。

「これを捨ててしまったら後で大変なことになる！」というのは「自分が変わってしまって、周りから嫉妬されることを恐れていたからかも！」と感じられたんです。

そうなんです。汚い物にまみれて、低い自己肯定感のままでいれば人から見向きもされないで嫉妬の攻撃を受けないで済むかも？と思っていました。

でも、**物を捨ててあらためてわかったのは、自己肯定感が高いほうが嫉妬されないんだ！**ということ。

物を溜め込んで捨てられずに、自己肯定感が低いままだったときのほうが周囲からの攻撃が酷《ひど》く→ますます自己肯定感が低くなって……という悪循環でしたが、物を捨てて記憶が美化されたときに「あ！　自分は周囲の嫉妬をまったく気にすることなく自由に生きていけるのかも！」という感じに気持ちが変わっていったんです。

ところで、**家にある物を捨てるときのコツは「選別して捨てようとしない」ことです。**

「いる物か、いらない物かを選別しよう」とすると、その物に触れたときに過去の記憶に引き戻されてしまうから。

そして、過去の記憶に引きずられて自己肯定感が低くなり、「捨てられないダメ人間！」となってしまうからです。

だから**〝すべて捨てよう！〟ということを頭で唱えながら捨てていきます。**

〝すべて捨てよう！〟と唱えながら捨てていくと、ポイポイ捨てられちゃいます。

〝すべて捨てよう！〟ですから、「その物にともなっている記憶も捨てる」とい

これはいらない
これは…
あの思い出の
記憶がよみがえる〜！
私って捨てられないダメ人間！
ゴミ
すべて捨てよう！
すべて捨てよう！
物にともなう
記憶も一緒にね！
ぱぱ
ぱぱ
すべて捨てよう！
本当に必要な物は残ってる
無意識にちゃんと選択してる！
無意識の自分
いる
いらない
すべて捨てよう！
すべて捨てよう！
ゴミ

うことになるから過去の記憶に引きずられなくなるんです。

人間は便利にできていて〝すべて捨てよう！〟と捨てていても、「あれ？ 本当に必要な物だけは残った！」という具合に、ちゃんと無意識に選択をしてくれるんです。

だから「必要な物まで捨てちゃったらどうしよう？」なんて考えすぎないで〝すべて捨てよう！〟と頭の中で唱えながら片っ端から捨ててみると、面白いことが起きていくんです。

どんどん過去の記憶が美化されていって、あんなに低かった自己肯定感が時とともに「これまでよくやってきた！」と、武勇伝に変わって頼もしく思えるようになっていくんです。

20 過去と未来の自分のつながり

「記憶が美化されたって過去は変わらないから、自分の本質も変われないんじゃないの？」と言われたことがあります。

でも、物を捨てて記憶が美化されて自己肯定感が高くなった方を見ていると、**「本質から変わっている！」**と感じるんです。

まるで過去の出来事が変わったかのように。

あるとき、母親から毎日のように暴力を受けて、寒空の下、半裸で家から閉め出された体験をしていた方の心の傷の治療をすることになりました。

催眠療法を使って〝過去に戻る〟ということをして、真冬の真っ暗な外で裸で凍《こご》えている自分自身の姿を確かめる、ということをしたんです。

――冬の寒空の下で凍えている幼い子どもの姿を見たときに、目から涙が溢れ出してきます。

そして、催眠状態のイメージの中で思わず、その幼い子どもの後ろに回って背中から優しく抱きしめて、その冷え切った身体を温めてあげたんです。

冷たさが手に伝わってきて、やがてだんだんと体全体が温まっていきます。

そして、寒さと緊張で固まっていたその子が温まったときに、彼は首だけを後ろに向けて自分の顔を見ながら「ありがとう」とこっくりとうなずいたんです。

涙が溢れた目でうなずくその子の顔は、「もう大丈夫だから」と言っているように見えました。――


それからしばらくして、その方が「思い出したんです！」とおっしゃいました。

「あの寒空の下に叩き出されたときに、家の近くの橋まで行って川を眺めていたときに、後ろに光り輝く人がどこからともなく降りてきて、幼かった私の背中を抱きしめてくれたことを」とおっしゃったのでびっくりしました。

「あのとき、あの人に温かく後ろから何も言わずに抱きしめてもらったからこそ、私はこれまで生きてこられたんです」と聞いたときに鳥肌が立ってしまいました。

それから、見事にその方の自己肯定感は高くなって、自由に自分のしたいことができるようになりました。

その話を聞いた当時は「もしかしたら科学では証明できない神のような存在がいて、不幸な人を助けてくれる、ということがあるのかも？」と思っていました。

でも、あるとき、他のケースでも同じようなことが起こって「あ！　そうか！」と気がつきました。

私の高校時代の英語の成績は10段階評価の2で、私が留学を決心したとき、職員室では大爆笑になったというほど英語ができませんでした。

そんな私が大学の入学式を終えて「本当に私は4年後に卒業ができるのかな？」と不安に思っていたら、突然頭の中に「大丈夫だよ！　あなたはちゃんと卒業できるから！」という声が響いてきて「お！　なんだ！　これは！」とびっくりしたことがあったんです。

「天からの声？」と思って、私は4年間、ずっとその声を信じてその声を頼りにがんばることができました。

くじけそうになったときに、あの声を思い出すようにしていたんです。

その後、私は卒業式を迎えることができて、卒業生のガウンを着て大学の中庭を歩いているときに「あ！　入学式で、ここを歩いているときに〝大丈夫だよ！卒業できるから！〟という声がしてきたんだよな！」と懐かしくて、思わず、入学式の日に不安な顔をして歩いていた自分を思い出しながら「大丈夫だよ！あなたはちゃんと卒業できるから！」と、過去の自分に向かって声をかけたんです。

そのとき、あ！もしかして、あのときの声って、未来の私の声だったのかも！と思ったことがあったんです。

そのことを思い出したときに、「あ！あの天使のような温かい姿って、ほかの誰でもなくて、彼自身が幼い自分を抱きしめたときに、過去の自分とつながっ

て未来を変えたのかもしれない！」ということに気がついたんです。

私は、人の脳と脳は無線ＬＡＮのようにネットワークでつながっているのかもしれない、と考えています。

緊張している人のそばにいるだけで緊張が伝わってくるし、虫の知らせのようなケースもこれまでにたくさん見てきています。

遠く離れていても、相手のことがわかっちゃったりするのって、脳と脳がネットワークでつながっているからだと考えているんです。

でも、現代の科学では、この脳と脳のネットワークのことを証明することができません。

現代の科学で測ることができないスピードで、脳と脳のネットワークがつながっているのだったら、そのネットワークのスピードは光よりも速いのかもしれないと思います。

光よりも速いのならば、「時空を超える」ということが考えられます。

そうしたら卒業したときの私の脳と、入学したての私の脳が時空を超えてつながった、という可能性が見えてくるんです。

もしかしたら、**過去は簡単に変えることができるのかもしれない！**

自己肯定感が低いのは、過去の心の傷が影響している可能性があります。

だから、過去の心の傷がいやされなければなかなか自己肯定感は高くならない、となります。

でも、心の傷って記憶から抜けちゃうから「どうやって心の傷をいやしたらいいのかわからない！」となって、「自己肯定感はなかなか高くならないじゃない！」という変わらない現実がそこにあるんです。

そんな方には、次の面白い方法をお伝えします。

21 簡単に過去を変える方法

自己肯定感が低くなるような出来事を思い出します。

たとえば「上司から自分だけちゃんと仕事を評価してもらえない」というような状況を思い出します。

それを思い出したときの「身体の感覚」を感じます。

たとえば「ちょっとだけ、脇腹が痛くなった」でもいいです。

そうしたら、その「脇腹の違和感が何歳の自分とつながっている？」と自分に向かって質問をしてみると、「4、5歳の自分」というのが頭になんとなく浮かんできたりします。

そこで「4、5歳の自分の姿」を頭の中でイメージしてみます。

イメージした自分が、ふてくされていたり、泣いていたりしても構いません。

イメージの中で4、5歳の自分に、159ページにまとめた**「自己肯定感が高くなるキーワード」を選んで唱えて**もらいます。

唱えてもらったときに、イメージの中の自分がにこやかになり、元気になり、再び自分が「上司から評価してもらえない」と思ったときに不快感がなくなっていれば成功です。

成功したキーワードを4、5歳の自分に「嫌なことがあったり、不快感を覚えたりしたら唱えてね！」とお願いしておきます。

「たくさん唱えれば唱えるほど、どんどん元気になって自由になるからね！」と伝えておいて、そして、その自分と別れて今の自分に戻ってきます。

4、5歳の自分が唱えてくれたら、現在が34歳だったら30年間唱えつづけてくれたことになるので「過去」が変わります。

そうしたら、現在の自分もしだいに変わってきて「あれ？　自己肯定感が高くなってきたかも！」となるからこの方法は面白いんです。

次の第4章で、もう少しくわしく説明しましょう。

自己肯定感が高くなるキーワード

血糖値の調和！	×７回
自分の感覚の解放！	×７回
人々の優しさ！	×７回
愛される姿！	×７回
豊かな金持ち！	×７回
一体感の再構築！	×７回
みんなは無意識でつながっている！	×７回
恐怖を元に戻す！	×７回
みんなと同じ感覚！	×７回
安らぎを宿す！	×７回
女性に生まれ変わる！（生理痛）	×７回
男性に生まれ変わる！（恥に対して）	×７回

第4章

つい「自分はダメだ」と思ってしまうあなたへ

22 自己肯定感が低くて生きづらい！こんなときはどうすればいい？

ある女性は、仕事でもなんでも言われたことはきちんとできて、周りから「すごいですね！」とほめられたりするのですが、自己肯定感が低いために、ほめられたことを素直に受け取れず、「自分はただ利用されているだけ」と冷めた気持ちになってしまうと言います。

仕事は楽しいのですが、周りから認められてほめられても、しだいに「余計なことまでやらされる」とか「やりたくないことをやっている」という感覚になって「もう仕事をつづけたくない！」と転職を考えてしまうんです。

周囲からは「せっかくいいところまでいっているのに！　どうして辞めちゃうの？」と不思議がられます。

でも、自己肯定感が低いため、自分が仕事で特別なことをやっている感覚はまったくないし、認められたってちっともうれしくないわけですから、「つづけられない」となってしまうんです。

周りの人からは自己肯定感が低いようには見られなくて、誰からもこの辛さを理解してもらえません。

「自分がわがまま」とか「ぜいたくな悩みかも」とも思うのですが、このままずっとこの自己肯定感の低さで生きると思うと、どうしても絶望的な気分になってしまいます。

そこで彼女には、〝過去を変える〟という方法を試してもらいました。

「自己肯定感が低い」と思ったときの、自分の身体の感覚に注意を向けてもらいます。

「自己肯定感が低い」と思ったら、「ちょっと胸が圧迫されていて息苦しいかも！」という感覚があったそうです。

そこで胸が圧迫されていて息苦しい身体の感覚に注意を向けながら、**「この感覚は何歳の自分とつながっている?」**と自分の中で独り言のように問いかけてもらいます。

すると「5歳と3歳」という声が響いてきます。

「5歳と3歳とどっちなんだ?」と、女性が思ったときに、幼稚園の水色の服を着た自分が出てきます。

その自分の表情を確かめてみます。

すると、その幼稚園児の自分は「びぇーびぇー」と泣いているではないですか。

そこで159ページの「自己肯定感が高くなるキーワード」の中から一つを選んで、泣いている幼稚園児の自分に唱えてもらいます。

——幼稚園児の自分に「ちょっといいかな?」と声をかけて、**「〝みんなと同じ感覚!〟と7回唱えて**くれるかな? 楽しくなるかもしれないから!」と言いま

自己肯定感が低くなるような出来事を思い出し、そのときの「身体の感覚」を感じます。

この感覚は何歳の自分とつながっている？

イメージの中の自分に「自己肯定感が高くなるキーワード」を選んで唱えてもらいます。

〝みんなと同じ感覚！〟って7回唱えてみて！

幼稚園児の自分
イメージの中の自分が、にこやかになったり、今の自分の不快感がなくなったりしたら成功です。

すっきり

するとイメージの中の幼稚園児の自分は泣くのを止めて「みんなと同じ感覚！」と、指を曲げ回数を確かめて唱えてくれます。

そして唱え終わったときに、今度は地団駄《じだんだ》を踏みながら「ぎゃー！　ぎゃー！」と怒り出しました。

「あ！　自己肯定感を高めるキーワードが合っていなかったんだな」というのがわかります。

そこで今度は**「女性に生まれ変わる！」と7回唱えて**くれるかな？とお願いしたら、幼稚園児の自分は首を横に振りながら拒否をします。

「なんで唱えたくないの？」とその自分に聞いてみます。

すると、「お父さんとお母さんは男の子をほしがっていたから」というのを聞いて、女性の目から涙が溢れてきてしまいました。

「あ！　そうだった！　自分が女の子だから愛されない！」ってずっと思っていた、ということにそのときに気がついたんです。

そこで、その幼い自分に「女性に生まれ変わる！」って７回唱えてごらん、そしたらどんどん自由になっていくから、と教えてあげます。

すると幼い自分は「うん！」と元気よくうなずいて、再び指を曲げて確認しながら唱えてくれて、唱え終わったら元気にはしゃぎはじめました。

それと同時に頭もすっきりして、目の前の霧が晴れたような感じになっていきました。

そこで「自己肯定感が低い」と再び思っても、「あ！　さっきの息苦しさがない！」となったので、もう一度楽しそうにしている幼稚園児の自分のところに戻って、今度は「おうちや、幼稚園で嫌なことがある？」と聞いてみます。

すると「みんなが意地悪なときは嫌！」と教えてくれます。

そこでその子どもに「嫌だな、と感じたときに〝女性に生まれ変わる！〟って７回唱えてくれるかな？」とお願いしてみます。

すると「うん！」と元気よく答えてくれます。

「たくさん唱えてくれればくれるほど、私がどんどん楽しくなっていくからお願いね！」とお願いしてきます。

小さいころから真面目な自分はあの幼稚園児のころから29年間ずっと「女性に生まれ変わる！」を唱えつづけてくれるんだろうな、と思ったら、ちょっとうれしくなります。

そして、幼い自分が唱えつづけてくれたら「あ！ 自分は仕事をしている女性」に見られるのが嫌だったんだな、ということにも気がつきました。――「女性なのに仕事をがんばっている」と周りから見られると、「女性だと愛されない」という子どものころからの感覚で不快な気分になり、自己肯定感が下がってしまっていたんだ、ということが見えてきます。

それから、その方は「女性のままで愛されていいんだ！」となって、がむしゃらに働くことがなくなりました。

仕事で無理をしなくなったからなのか、女性を感じさせられる時期になると必ず気分が落ち込んでいたのが「あ！ あの憂鬱さがない！」となったからびっくり。

症状も若干軽くなっていて「もしかしたら、自分の女性性を受け入れていなかったから症状が重かったのかも？」と思えるぐらい楽になっていたそうです。あ！　あの子がちゃんと唱えてくれているから変わってきたんだ！と、ちょっとうれしくなります。

一生懸命に1本1本指を折り曲げて唱えているあの子の姿が浮かんできて、うれし涙が浮かんできたそうです。

そう！　過去の自分に唱えてもらうことで過去が変わり、「私は女性のままでいいんだ！」と思えるようになって、自己肯定感がしだいに高くなっていったんです。

ある女性は、「人前に出ると緊張しちゃって思うように話すことができない」という悩みを持っていました。

どうしても、人の中にいると周りの人と自分を比べちゃって「あの人のほうが自分よりも若くてきれい」とか「あの人のほうが私よりも頭が良くて話もよくまとまっている」などと思ってしまいます。

すると「自分はあの人のようにきれいじゃない」とか、「あの人のように的確に話ができない」と考えちゃってどんどん自己肯定感が低くなってしまいます。

すると「みんなからバカにされて嫌われちゃうかも?」と思って怖くなり、緊張しちゃってうまく話すことができなくなってしまうんです。

子どものころからこんな感じで「自分はちっとも変われない」と落ち込んでしまっていました。

そこで〝**過去を変える**〟という方法を使ってみます。

その女性に、人前に出ると自己肯定感がどんどん低くなってしまう、という状況を思い出してもらいます。

そして、そのときの身体の感覚に注目します。

お腹が空洞になったような寂しい感覚を感じることができたそうです。

今度は、そのお腹の空洞のような感覚に注目しながら「この感覚は何歳の自分とつながっている？」と自分自身の中でつぶやいてもらうと、「3歳の自分と中学生の自分」というのが浮かんできます。

3歳の過去を変えてしまえば自動的に中学生の自分も変わるよね、と思ったので、3歳の自分の姿をイメージしてもらいます。

すると体育座りをして顔を膝につけて、まるで怖いものが自分が見ていない間に消えてくれるのを願っているかのように身体を前後に動かしています。

そこで「自己肯定感が高くなるキーワード」の中から「みんなは無意識でつながっている！」というのを選んで、その体育座りをしている自分に「もしかしたら、怖さが楽になるかもしれないからこれを7回唱えてみようか？」とお願いしてもらいました。

――すると、その3歳の子どもは身体を前後に動かしながら、頭で「うん」とうなずいてくれたんです。

身体を前後に動かすのをやめて、唱えてくれたら、ちょっと顔を上げてくれました。

でも、表情は悲しそうです。

「これじゃあダメなんだ」と、今度はリストから**〝一体感の再構築！〟と7回唱えて**みてくれるかな、とお願いします。

その子は「うん」とうなずいて、唱えていくと「あ！　みるみる顔が明るくなってきた！」となって、立ち上がって、イメージの中で〝一体感の再構築！〟とつぶやきながら私の周りを回りはじめたではありませんか。

「このキーワードでいいんだ！」となったので、その子に「ふだんの生活で嫌なことってある？」と聞いてみます。

すると「お母さんが悲しそうな顔をしているとき！」と元気よく答えてくれます。

父親が酒を飲んでお母さんが一生懸命に内職したお金まで使ってしまい、いつも悲しそうにしていた場面が思い出されてきて、こんなに無邪気な子どもがその中で苦しんできた、ということを思ったときに胸に熱いものが込み上げてきます。

そこでその子に「辛そうな顔をしている人がいて悲しい気持ちになったら〝一体感の再構築！〟って唱えてくれるかな？」とお願いします。

「たくさん唱えると、みんながどんどん幸せになるかもしれないから！」と伝えます。

その子は「うん！」と元気よく返事をして「一体感の再構築！」と唱えながらぐるぐる回っていました。――

それから、その女性は、人前でも気にしないで自然に思ったことを喋れるようになりました。

みんなの中に入って喋るようになると「あ！　みんな自分と同じなんだな」と思えてきて、肩の力が抜けていきます。

自分が相手に気を遣う必要もなくて、相手と比べる必要も感じなくなって自由

になっている自分自身を感じることができたんです。

――フッと、あの子どものころのことを思い出しました。

自分が母親の思うような子どもになっていたら母親を悲しませることがない、と思っていたあのころのことを。

いつまでたっても、母親のことを笑顔にできなかった自分はダメなんだ、といつも思っていた、ということが浮かんできて、そして、それがまるで陽炎《かげろう》のように消えていきます。

そう、あの3歳の無邪気な自分が〝一体感の再構築！〟と唱えつづけてくれたから「自分は自分のままでいい」と思えるようになったんだな、と。

母親が悲しい顔をしていても、父親がどんなに酷いことをしてきたとしても、みんな中身は一緒で、一体感でつながっている。

そんなことがフッと浮かんできたときに、これまで許せなかった父のことがどうでもよくなってしまいます。

父に対する怒りから解放されたら、ますます人との一体感を感じられるようになり、「自分は自分のままでいいんだ！」と思えるようになっていったんです。

――

もう一つ不思議なことがありました。

女性の頭の中で〝一体感の再構築！〟とあの子がはしゃいで唱えていたのが、頭の中に時折浮かんできたそうです。

それが影響しているからなのか、上司から「あなたの部署のチームワークはこの会社の中で一番いいね！」と言われてうれしくなります。

その女性は、**職場の同僚が生き生き働いているのを見て〝一体感の再構築！〟と元気よく唱えていたあの子のことを思い出した**のです。

23 否定されると、すぐ「自分はダメだ」と思ってしまう

ある方は、コンビニでレジに並んだときに「お客さん！　そっちじゃなくてこっちに並んでもらえます？」と注意されて、「あ、はい」と言いながら顔が真っ赤になってしまって、「もう嫌だ～！　ここにはもう通えない！」と思ってしまったそうです。

ちょっと注意されただけで「自分を否定された」という感覚になってしまって「この世の終わり」のような気持ちになって、一日中そのときの場面を繰り返し考えてしまうんです。

仕事でも「あなたのこの数字の書き方は間違っているから」と言われたら、「が～ん！」となってしまって「仕事を辞めなきゃいけないかしら？」というぐらい「自分はダメだ！」となるんです。

よくよく考えたら、自分の数字の書き方は間違っていなかったのに、相手に何か言われると、そのまま真《ま》に受けてしまって「自分はダメだ！」とものすごく醜い存在になった気持ちになって、自己肯定感がどん底まで下がってしまうんです。

だから、人から否定されることが怖くて、自分が楽しんで何かをやる、ということができなくて、「これを言っても否定されないかな？」とか「これをやっても批判されないかな？」などと、つまらない考え方しかできなくなっていたんです。

私も、人から批判されると「あ〜！　自分はダメ人間だ」と本気で思ってしまうから、このお話を聞いて「うん！　うん！　わかる！」と共感しました。

でも、そこから自由になって自己肯定感が上がったらすごいことだな、と思って**〝過去を変える〟**というテクニックを説明して、一緒にやってみることにしたんです。

「人から否定される」と、その方が感じたときの身体の感覚を確かめてもらいました。

すると「頭をみんなから叩かれて、惨めな気持ちになって涙目になっていく感覚」と教えてくださいます。

そこで、その感覚に注目して**「この感覚に注目したとき過去の何歳の自分とつながっている感覚がありますか?」**と質問してみました。

すると「4歳の自分」と言うので「4歳の自分をイメージしてください」とお願いします。

子どもらしき姿はイメージできるのですが、後ろを向いていて、こっちを向いてくれません、となっていました。

そこで「自己肯定感が高くなるキーワード」から、その子が何を唱えたら、こっちを怖がらずに向いてくれるのかな?と考えて探してみます。

〝愛される姿!〟が、もしかしたら合っているかもしれない、と考えます。

――「〝愛される姿！〟と7回唱えてくれるかな？　楽しくなるかもしれないから」と4歳のその子にお願いしてみます。

その子は、後ろを向きながら「うん！」とうなずいてくれたので、待っていましたが、唱え終わってもこっちを向くことはありませんでした。

そこで、今度は〝恐怖を元に戻す！〟と唱えてもらうことにしました。

唱え終わったら「あ！　その子がこっちを向きました！」とうれしそうに教えてくださいます。

その方に「もう一度、人から否定される、と思ってみてください」とお願いして、それを思ったときの不快な感覚があるかどうかを確かめてみます。

すると「あ！　なくなっている！」と言ってびっくりされます。

もう一度、4歳の自分と向き合ってもらって「ふだんの生活で嫌なことってある？」と質問します。

すると4歳の子は「怒っている人を見るのが嫌！」と教えてくれます。

それを聞いたときに「あ！　母親とおばあちゃんの仲が悪くて、いつも二人の悪口を聞かされていたんだ！」ということをその方は思い出したんです。

そしたら、その子に「嫌だな！と思ったら〝恐怖を元に戻す！〟と7回唱えてくれるかな？」とお願いしてみます。

「唱えれば唱えるほど、仲良くなっていくから！」と伝えると「うん！」と元気よく返事をしてくれたんです。――


その後、その方がいらっしゃったときに「人から注意されるのが怖くなくなったみたいです！」とおっしゃいました。

相手が注意するときって「注意をしたら反発されるかもしれない！」と怖がっているんですね、と解説をしてくださったんです。

その相手の恐怖を自分のものにしていたから「怖い！」となって、「自分はダメだ」と自己肯定感がどんどん低くなってしまっていたわけです。

自分がダメージを受けるときは、相手が「否定されるって怯えているときだ」ってわかるようになって、全然気にならなくなったんです、と爽やかにおっしゃっていました。

母親やおばあちゃんから悪口を聞かされるたびに〝恐怖を元に戻す！〟と唱えている４歳の自分のことをイメージしてみたら、笑えてきてしまったそうです。

「たしかに怖いから悪口を言うんだよな！」とちょっと納得。

そして、不思議とその方自身もその４歳の子につられて批判されるのが気にならなくなっていたそうです。

ある女性は、子育てをしていて、他のお母さんから「そんな優しい注意の仕方じゃダメよ！」と冗談で言われただけで、「自分はダメだ！」と思って落ち込んでしまうそうです。

このまま自分が子育てをしていたら、自分のように子どもも自己肯定感が低くなって苦しませる、と考えてしまいます。

その女性は、昔から人にちょっとでも否定されたら「この世の終わり！」という感じになってしまい、「自分には生きる価値がない」という気持ちになって何もかも投げ出したくなってしまっていました。

そして、投げ出したくなる自分も無責任なようで嫌で、投げ出すこともできず、もやもやを抱えながらどんどん惨めな気持ちになってしまうんです。

そして、子どもが「先生から注意をされた」ということをママ友から聞かされても、「自分の育て方が悪いから」だと絶望的な気分になってしまいます。

それを教えてくれたママ友からも否定されている感じがしてしまうし、もちろんこんな子どもに育て上げてしまった、と先生からもものすごく否定されているような感覚になって、どん底まで落ち込んで「やっぱり自分はダメだ」と思ってしまうんです。

人からちょっとでも否定されると自己肯定感がどん底まで下がってしまうのは「心の傷が関係しているんだろうな」と思うのですが、心の傷を探っていくと大変なので、とりあえず**〝過去を変える〟**を女性に説明して一緒にやってみることにしました。

「人から否定される」と思ったときにどんな感覚になりますか？と尋ねたら、すぐに「心臓をつかまれている感覚になり、苦しくなります！」と苦しそうな表情をして教えてくださいました。

そこで今度は「その心臓をつかまれている感覚は、**何歳の自分とつながっている感じがしますか？**」と尋ねると、「わかりません！」と答えます。

人から否定されるのが怖いのだから「確実に浮かんでこなければ」と思っているんだな、と思って「パッと浮かんだ数字を適当に教えてください！」とお伝えしたら「7歳と浮かびます」と教えてくださったのですが、「いや待ってください！　どんどん年齢が下がっていって赤ちゃんになってしまいました！」とおっしゃいました。

「赤ちゃんに唱えさせることができるのかな？」とちょっと不安になりながら「今、赤ちゃんはどんな様子ですか？」と質問をしてみます。

「震えながら怯えていて泣くこともできない感じです」と教えてくださいまし

た。

そこで「自己肯定感が高くなるキーワード」から〝安らぎを宿す！〟を選んでみます。

震えている赤ちゃんに「楽になるかもしれないから〝安らぎを宿す！〟を一緒に唱えてくれるかな？」とお願いしてみます。

女性がイメージの中で赤ちゃんと一緒に唱えていると「あ！　赤ちゃんが泣きはじめました！」となりました。

「赤ちゃんが泣く」ということは自己肯定感が上がっているのだろうか？とちょっと不安になりながらも、「もう一度〝安らぎを宿す！〟を泣いている赤ちゃんと一緒に唱えてみてください！」とお願いしたら、「あ！　唱えていたら笑顔になって赤ちゃんが成長していった！」と教えてくださったんです。

イメージの中で成長した子どもがニコニコしていたそうです。

そこで、もう一度女性に「人から否定される」と思ってもらい、あの心臓をつかまれるような苦しい感覚がまだあるかどうかを確認してもらったら、「もうなくて胸がスッキリしています！」とおっしゃったので、成長した子どものところに戻ってもらいます。

——その子に「ふだんの生活で嫌なことがある？」と聞いてみます。

すると「特にない！」と子どもが答えてくれます。

「あれ？」と肩透かしを食らった感じになりました。

「そしたら、なんでもないときでも〝安らぎを宿す！〟と7回ワンセットで唱えてくれるかな？　私がどんどん自由になれるから！」と伝えると、「いいよ！」と子どもはイメージの中で答えてくれたんです。——

その女性は次のカウンセリングのときに「先生！　わかったんです！　なんで私が人から否定されるのが怖かったのか！」と興奮気味で教えてくれました。

母親の妊娠がわかったときに、父親が浮気をしていることが発覚して、「このお腹の子どもがいなかったらあいつと別れてやるのに！」と思った、と母親からだいぶ昔に聞かされていた、ということを思い出したそうです。

どうやら、「浮気」という間違ったことをした父親に対する母親の殺意から「間違ったことをしてしまったら母親から殺される！」という恐怖になっていたのかも！と気づいてしまったんです。

だから、ちょっとでも否定されたら「この世の終わり！」となって、「自分はダメだ！」になっていたんだ、とうれしそうな顔をしておっしゃっていました。

その女性は、**人から批判されても、子どもが叱られても「みんな結構、適当だから！」と流せるように**なって、どんどん自己肯定感が高くなって自由になっていきました。

なんで「みんな適当」って思うようになったの？と聞いてみると、「だって！別れてやる！と言ったのにいまだに両親は一緒にいるし、その後も父親が浮気を繰り返して、子どもたちが巣立った後でも、母親はちっとも変わらなかったから！」と、爽やかにおっしゃっていました。

そうしたら、子どももののびのびするようになり「この子の将来が楽しみかも！」と思えるように変化していったそうです。

気がつかないうちに、いろんな心の傷が自己肯定感に影響しているんだな、と私は興味深く思いました。

24 〝どうせ無理〟と最初からあきらめる

前にも述べましたが、私は子どものころから〝どうせ無理〟と思って、勉強をちっともしませんでした。

勉強ができる子たちと自分を比べて「どうせ自分には無理」と思って、一切努力をしなくなってしまうんです。

「ちょっとでも、頭のいい子に追いつけるようにがんばればいいじゃない！」と周りから言われるのですが、最初から〝どうせ無理〟とあきらめてしまっていて努力を一切しません。案の定、悪い成績が返ってきて「ほら！　やっぱり無理だったじゃない！」と自己肯定感がどんどん低くなって、ますます努力できなくなってしまっていたんです。

今でも「人から評価される」という場面では、〝どうせ無理〟と自己肯定感が低いために、高い評価を得るための努力ができません。

自分でも「ちゃんと努力すればいいのに」と思うのですが、〝どうせ無理〟の思考が働いてしまって、どうでもいいことばかりが気になり「やっぱりダメだ」ということを繰り返しちゃうんです。

私は〝どうせ無理〟と感じたときのことを思ってみて、そのときの身体の感覚を確かめてみました。

すると涙目になるような感じと、目の奥に若干の違和感を覚えました。

「この感覚は過去の何歳の自分とつながっているの？」と、自分の中で質問をしてみると「3歳！」と浮かんできます。

そして「3歳の自分をイメージする」と思ってみると、幼稚園の水色のスモックを着て鼻水を垂らしています。

マンガのような大きな目をしてアホの子のように、あさっての方を見ていて口を開けて指をくわえて落ち着きがなく足を動かしている自分が浮かんできて、ちょっとショックを受けます。

「自己肯定感が高くなるキーワード」の中から「どれを唱えさせたら、このアホみたいな子の自己肯定感が上がるんだ？」と思いながらリストを自分の中で読み上げていきます。

そして、〝男性に生まれ変わる！〟を読んだときに「ちょっとぐっときたかも？」と思って、3歳の自分にこれを唱えてもらうことにします。

イメージの中で3歳の私に「〝男性に生まれ変わる！〟と7回唱えてくれるかな？」とお願いします。

すると「なんでそんなことしなきゃいけないの？」というのが浮かんできて、3歳の自分が動き回ると同時に、私自身も他のことを考えはじめちゃって集中できなくなります。

「唱えてもらえなければ自分が変わらない！」と思ったらちょっと集中できて「私が唱えてほしいから唱えて！」とお願いすると、「自分でやればいいじゃん！」という情景が浮かんできます。

「私が変わるためにあなたに唱えてもらう必要があるんだ！」と強くお願いしたら、「じゃあ、やる！」と言ってその3歳の自分が唱えはじめました。

最初は「かわいい声だな」と思っていたら、あれ？　声の感じが大人っぽくなった、となって7回唱え終わるころには、先ほどの落ち着きのなさがなくなっていて、私の頭の中が「しーん」としています。

もしかして、これは成功かも！と感じたので先ほどの〝どうせ無理〟と自分の中で思ってみると、「あ！　さっきの涙目にならない！　目の奥の違和感もなくなっている！」となり、ちょっとうれしくなります。

でも、疑い深い私がいて「本当にあのキーワードで合っているのかな？　もしかして他のを唱えさせても効果は変わらないいんじゃないかな？」と思ってしまいます。

そこで、これまでクライアントさんに一番効果的だった〝豊かな金持ち！〟を7回唱えてみて、とすっかり落ち着いてしまった3歳の自分に唱えてもらいます。

すると、再び落ち着きがなくなってソワソワして、私の頭の中もごちゃごちゃした思考がわいてきちゃって「大変だ〜！」となります。

まずい！と思って、3歳の自分に「もう一度〝男性に生まれ変わる！〟を7回唱えてくれるかな？」とお願いするのですが、3歳の自分がどこかに消えちゃった！となって焦りました。

そこで「3歳の自分よ、〝男性に生まれ変わる！〟と7回唱えて！」と姿がイメージできないままお願いしてみると、スーッ！と心が落ち着いてきて集中できるようになります。

「やっぱりこのキーワードじゃなきゃダメなんだ」と思って、3歳の自分を再びイメージします。

するとと最初のアホっぽい子じゃなくて、渋い3歳児がそこにイメージできます。

「なんかふだんの生活で嫌なことがある？」とキーワードを唱えてもらうタイミングを探します。

すると渋い3歳の自分は「全然ない！」と言います。

「男らしい！」とちょっとびっくり。

「困ったことは？」と聞いてみても、「ないよ！」と言われてちょっとキーワードを唱えてもらうタイミングが見つからなくて困ります。

そこで「あ！　コワい、と感じることは？」と聞いてみたら、「それはある！」と渋い3歳の自分が答えてくれてほっとします。

「コワい、と感じたときに〝男性に生まれ変わる！〟と7回唱えてもらっていいかな？」とお願いします。

すると「いいよ！」と快く答えてくれて、さっそく〝男性に生まれ変わる！〟と唱えてくれました。

努力して失敗しても何も変わらない

安心してそのイメージから帰ってくると「あ！　努力して失敗するのが怖かったから〝どうせ無理〟で逃げていたんだ！」ということに気がつきました。

一生懸命に努力して失敗したら、「この子にはなんにもない」とみんなから見捨てられちゃう、というのが怖かったんだな、というのがはっきりわかるんです。

そして、自己肯定感が低くなるから「人から見捨てられるのが怖い」となっていたのです。

すると、その感覚がだんだん自分の

中で過去のこととなって薄れていき、やがて私の中から消えていきます。

そうしていると「努力して失敗しても何も変わらない」という現実がちゃんと見えてきて、「何かに挑戦してみたいかも！」といつの間にか自己肯定感が高くなっていたんです。

そうなんです。あの過去の渋い3歳児が〝男性に生まれ変わる！〟と何度も唱えながら何十年と成長する過程でどんどん私は変わっていき、やがて自己肯定感が高くなって**そのままの自分で生きられるようになっていた**んです。

25 人目が気になって、生きにくい

あるとき「人目が気になって、生きにくい」という女性がカウンセリングに訪れました。

いつも「人からどう見られているのか？」ということが気になって、「いい

人」を演じてしまうのだそうです。

「いい人」だから相手に親切にしてあげているのに、相手からは感謝もされず余計な仕事を押しつけられて「なんで私がこんなことをやらなきゃいけないの？」と惨めな気持ちになって自己肯定感が低くなってしまいます。

人目を気にしない人は、別に気を遣わなくても普通に周りの人たちと仲良くできていて、仕事も適当にして楽しく過ごしているのに私は……、と思って苦しくなるんです。

そして「人目を気にしないようにして、堂々としていよう」と何度も決心するのですが、いつの間にか元の自分に戻って、人に気を遣って傷つけられて、どんどん自己肯定感が低くなっていく、を繰り返していました。

自己肯定感が低いから人目を気にしちゃって、気にすればするほど周りから「あんたは私よりも下の存在！」と見られてぞんざいに扱われちゃうから、どんどん自己肯定感が低くなってしまう悪循環になっていました。

女性はこれまで「自己主張をしよう!」とか「瞑想をして人目を気にしないようになろう!」と努力をしたけれど本質的に変わらない!というので、「過去の心の傷が関係しているんだろうな!」と考えました。

そこで今度も〝**過去を変える**〟というテクニックを一緒に体験してみることにしました。

まずは「人目が気になってしまう」と思ったときに感じる身体の感覚に注目してもらうと、女性は「『西遊記』の孫悟空《そんごくう》の頭にはまっている輪のようなものに、頭が締めつけられる感じがする」と教えてくださいました。

そこで、その頭の締めつけられる感覚に注目しながら「**この感覚が何歳の自分とつながっているか?**」と、浮かんできた数字を教えてもらいます。

すると「2歳の自分」と言ったとたんに、その女性の頭の中にはボーッと能面のような顔をした小さな女の子が立っているイメージが浮かんできたそうです。

女性は、すでにいろんなカウンセリングを受けてきたので、「あ! この子に話しかけて能面になっている理由を聞くんですか？」と私に尋ねてきました。

たしかに、そんなカウンセリングの手法もあるのですが、「その子にキーワードを唱えてもらうだけでいいんですよ！」とお伝えしました。

――リストの中から**〝女性に生まれ変わる！〟**を選び、その能面のような顔をした子どもに「楽になるかもしれないから〝女性に生まれ変わる！〟って7回唱えてくれるかな？」とお願いしてみます。

すると、女の子は力のない感じでうなずいて、口だけ動かして唱えはじめたら「ビエ～ン！」と泣き出してしまいました。

「感情が出てきたから成功なのかな？」と思って「もう一度、唱えてみてくれるかな？」と泣いている女の子にお願いしたら、「いや！　いや！」と首を振ります。

「この子の自己肯定感を高くするのは、このキーワードじゃないんだ～！」ということです。

そこで今度は〝豊かな金持ち！〟を選んで「これを唱えたら楽しくなるかもしれないよ！」とお願いしてみます。

すると、さっきまで泣いていた女の子は、元気に「うん！」とうなずいて「豊かな金持ち！　豊かな金持ち！」と飛び跳ねながら唱えはじめました。――

「うわ～！　これなんだ！」と、ちょっとびっくり。

女性に「人目が気になる」と思ってもらうと、「頭の締めつけられる感じはありません！」となったので、再び元気になった女の子のところに戻って唱えてもらうタイミングを探すことにします。

――「ふだんの生活で嫌なことはある？」と聞いてみると、女の子は「わからない！」と言います。

たしかに2歳の子どもにはわからないか、と思ったのですが、「あれ？」となったので「もしかして、わからないことがあるときが嫌なの？」と女の子に質問をしてみたら「うん！」と元気よく返事をしました。

危うく見落とすところでした。

女の子に、「お母さんが何を考えてるのかわからない！」とか「わからない！」と思ったときに〝**豊かな金持ち！**〟って唱えてくれるかな？とお願いしてみます。

すると女の子は元気に「うん！」と返事をしてくれました。――

それから「人目が気になって、生きにくい」とおっしゃっていた女性は「あれ？　人の気持ちを考えなくなっている！」ということに気がつきます。

以前は、あんなに人目を気にしてビクビクしていたのがなくなって、堂々とできるようになっていたんです。

ちょっと興味深かったのが「**あ！　お化粧がきれいになっている！　そして服も素敵！**」と、**外見まで変わっていった**ことです。

え？　どうして人目を気にしていながら、以前はお化粧も服装にも無頓着な感じだったの？と尋ねてみます。

すると女性は、「きれいにお化粧をしたりすると、生意気！と思われるのが怖かったから！」と言うので「納得！」となりました。

たしかに、周りの人の気持ちを考えてしまうと、どんどんダメ出しがわいてきてしまって、自分のしたいことができなくなりますもんね、とお伝えしました。

そしたら、女性は、「2歳のときに母親が赤ちゃんを亡くしてしまって、そこから母親の笑顔が消え、ちっとも楽しくなくなってしまったんです」と話してくださいました。

そこから、女性がかわいい子どものキャラクターとかを遊びで演じていると、母親の嫌そうな視線が突き刺さってきて「あ！　楽しそうにしちゃダメなんだ」と母親の顔色をうかがうようになって、自分の好きなことができなくなってしまったのです。

そんな幼い女の子が、母親の目が気になったときに〝豊かな金持ち！〟と頭の中で元気に唱えている姿が浮かんできます。

唱えれば唱えるほど、恐怖が消え去っていき、女の子がどんどんかわいらしく変化していきます。

そして〝豊かな金持ち！〟と女の子が元気に頭の中で唱えていたら、いつの間にか悲痛な顔をしていた母親の顔に笑顔がともるようになってくるんです。

〝豊かな金持ち！〟と唱えつづけていたら、どんどん女の子が輝くようになり、それにつられて周りも笑顔になる。

素敵な笑顔になった女性を見ていたらそんなイメージが浮かんできて、「あ！過去が変わっているのかも？」とうれしくなりました。

26 なんでも長続きしない

「なんでイメージの中で、過去の自分に変なキーワードを唱えさせるの？」と思われるかもしれません。

でも、それには理由があるんです。

私は「自分で自分のことがコントロールできない！」という状態を〝発作〟と呼んでいます（医学、心理学の用語ではありません。私個人の呼び方です）。

たとえば「しゃっくり」も〝発作〟で、「一度起きちゃったら自分の意思と関係なく出ちゃう！」となります。

「緊張」とか「不安」など「自分でコントロールできない！」というものは、しゃっくりのように脳の一部が痙攣《けいれん》みたいなものを起こしちゃって、「緊張が止まらない〜！」とか「不安がどんどんわいてきてしまう〜！」という感じになっていると考えているんです。

自己肯定感が低い人って、「脳の中で〝発作〟を起こしやすい！」という状態になっているのだと考えます。

そして、〝発作〟を起こしやすくなっている人が〝発作〟を起こすのは簡単なんです。

ただ**「自分は不安だ！」とか「すごい緊張する！」と自分で思ったり言ったり**

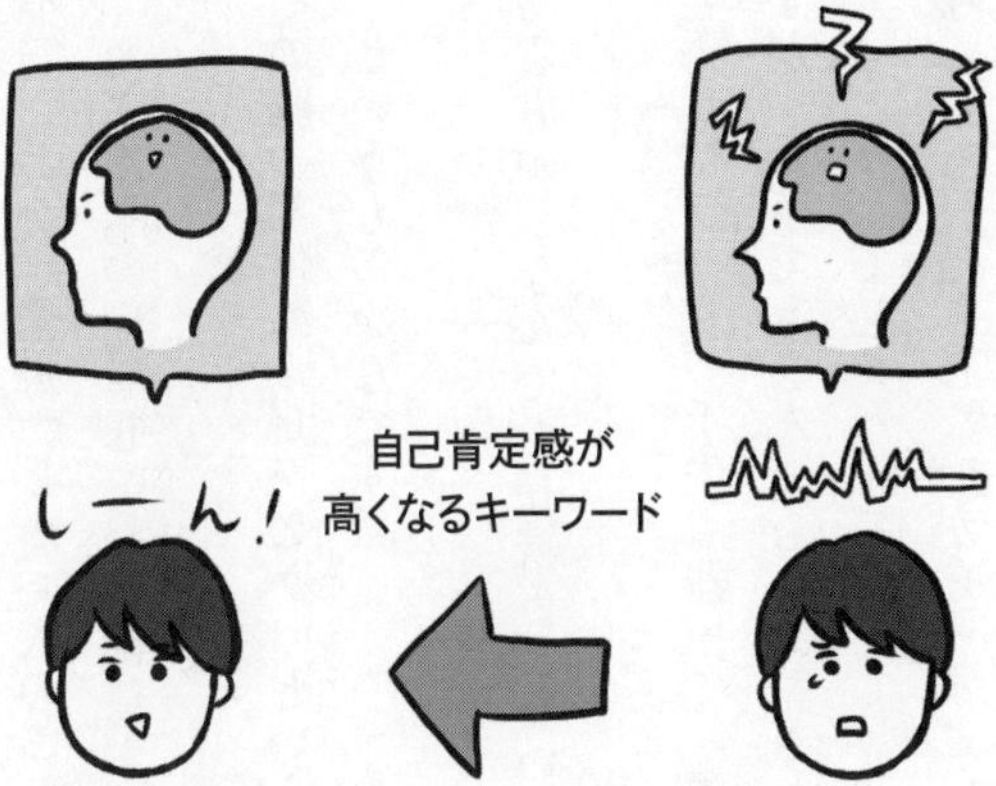

したら「どんどん不安がわいてくる〜！」となって、そこから自分ではなかなか止めることができなくなります。

自分の言葉で引き起こした不安の〝発作〟なのに、一度起こしてしまったら〝発作〟であるがゆえに、自分の力ではなかなか止めることができなくなっちゃうんです。

でも「不安だ」や「緊張する」という言葉で〝発作〟が引き起こされているのだったら、「言葉」で〝発作〟は止められるのかも？と考えて、「〝発作〟が止まる言葉」を集めたのが「自己肯定感が高くなるキーワード」なんです。

「不安」とか「緊張」とか「人のことが気になる」などの〝発作〟の種類によって、たぶん脳の痙攣している部位が違っているんだと思うんです（あくまでもイメージです）。

その脳の部位の「ピクピク」という痙攣を言葉で「しーん」とおさめてしまおう、というものなんです。

ある方が「なんでも長続きしない」という悩みでカウンセリングに訪れました。

英語もペラペラ、手先も器用で「頭のいい方だな～！」とうらやましくなるのですが、仕事でもなんでも「長続きしない！」と、あるところまでいくと「やめた！」となってしまうんです。

なんでも長続きしないから、すごい能力があるのに「自己肯定感が低い」となっていて「自分は何をやってもダメだ」となっていました。

そして、仕事でもなんでもつづかないから「また一からスタートだ！」となって「すごい能力を持っているのにいつも立場が一番下」となるわけですから、さらに自己肯定感が低くなってしまうのです。

本当は自分よりも全然できないやつらから偉そうなことを言われて頭にきてしまい、「やっぱりつづけられない」となって、何をしても長続きさせることができなかったんです。

普通だったら「甘ったれている！　甘やかされて育てられたからだ！」とか「根性がないから！」で済まされてしまいます。

実際に本人も、「自分が甘ったれているから！」とか「嫌なことを我慢してでもつづける根性がないから」と自分を責めていました。

でも「何をやってもつづけられない」って、本当はただの〝発作〟で、過去の心の傷によって起きやすくなっているだけかもしれないんです。

そこで、その何をやっても長続きしない男性に「なんでも長続きしない」と思っていただき、身体の感覚を確かめてもらいます。

すると「首根っこをつかまれて引っぱり上げられている感じ」と教えてくださいます。

そこで、**「その感覚が何歳の自分とつながっている?」**と自分の中で問いかけて、浮かんでくる数字を教えてもらいます。

すると、「7歳か8歳の自分」とおっしゃいます。

そこで、7歳か8歳の自分のイメージをしてもらいます。

――半ズボンをはいて、ポケットに手を突っ込んで下を向いてつまらなそうに石を蹴っている男の子の姿がイメージできます。

そこで「自己肯定感が高くなるキーワード」から**〝安らぎを宿す!〟**を選んで、その男の子に「楽しくなるかもしれないから7回唱えてくれるかな?」とお願いしてみます。

すると、その男の子は力なく「うん」と小さく首を縦に振り、唱えはじめました。

唱え終わって、その男の子は悲しそうに首を振り下を向いてしまいました。

そこで今度は、〝恐怖を元に戻す！〟と7回唱えてもらいます。

唱えていくと、その男の子の顔がみるみる明るくなって輝いていきます。

そして「一緒に遊ぼう！」とこちらに元気よく近づいてきたではないですか。

――

そこで、男性に「なんでも長続きしない」と思ってもらったところ、「何も感じません！」となったので、もう一度男の子のところに戻ってもらって「ふだんの生活で嫌なことがある？」と聞いてみます。

すると男性の頭の中に「人の冷たい心が怖い」という言葉が浮かんできます。

そこで、その男の子に「人の冷たい心を感じたら〝恐怖を元に戻す！〟と7回ワンセットでたくさん唱えてくれるかな？」とお願いします。

すると元気になった男の子は「うん！」と大きく首を縦に振って応えてくれたんです。

それからしばらくして男性は、「あれ？　結構長続きしているかも！」ということに気がつきます。

仕事を適当にやることができて、「ちっとも苦じゃない！」という感じになって楽しめるようになってきたんです。

そんなあるときに、「あ！　なんで長続きできなくなっていたのかがわかった！」とあることを思い出します。

それがちょうど8歳のころで、テストで100点を取って母親にうれしそうに報告をしていたら、それを見ていた父親の目が笑っていなくて殺意のようなものすら感じてしまったそうです。

それが怖くてなんでもつづけるのが怖くなって、ひたすらゲームに逃げるようになってしまった、といいます。

男性は、「あれって、父親が子どもに母親を奪われる、という恐怖だったんですね～！」とうれしそうにおっしゃっていました。

自分が父親に対して恐怖を感じていた、とずっと思ってそこから逃げてきたけど、そうじゃなくて父親が感じていた恐怖を受け取っていただけ。

8歳の男の子が「恐怖を元に戻す！」を唱えつづけてくれていたら、そんなことが浮かんできて、やがてそれが薄れて消えていきます。

そして、「父親と久しぶりに会話をしてみようかな？」という気持ちになっているから不思議だと教えてくれました。

あんなに嫌っていた父親のことが男性の中ではどうでもよくなっていて、「自分を怖がっていた人なんだな」となるから興味深いですね。

27 自分を肯定できないから、人間関係も苦手に……

私は、自己肯定感が低かったから「人間関係が苦手〜！」となっていました。自己肯定感が低くて「自分はダメだ」とか「周りの人からバカにされる」と思っているから、人の中にいるといつもビクビクしていて、大学時代の友達からは「お前っていじめられっこみたいだな」と言われてしまいます。まったく私のいじめられっこの過去を知られていないのに、見透かされたように感じて惨めな気持ちになって、「やっぱり人が苦手だ」と思わずにはいられませんでした。

いつも、ダメな自分を隠している感じで「自分は嘘をついている」という後ろめたさがあったんです。

そして「本当の私を知らないから、この人は私と付き合ってくれている」という感覚から、相手に過剰に気を遣いすぎてしまって、結局、いつの間にか相手が上の立場に変わってしまい、「相手から意地悪される～！」となって自己肯定感がますます低くなっていました。

「堂々としていればいいのに」と自分でも思うのですが、意識してしばらく演じることができても「やっぱり長続きしない」という感じになってしまうんです。

あるとき、当時勤めていたクリニックの院長先生の引っ越しの手伝いに、スタッフ一同が行くことになりました。

先生のお宅は「あれ？　全然引っ越しの準備ができていない！」状態。引っ越し業者が入っていたのですが、「私がなんとかしなければ！」と一生懸命に動き回って箱に詰めていきます。

でも、院長先生は、どっしりと畳の部屋に座ってお茶を飲みながらテレビを観ていて一切手伝おうとはしません。

「あれ？　なんで？」と思うのですが、「このままだと引っ越し業者さんの時間に間に合わない！」と業者さんにも気を遣って動いていたんです。

すると、引っ越し業者さんがさぼっているのが目につくようになります。たくさん業者のスタッフが来ているのに「ちっとも進まない」となっていたのは「さぼっているから」というのが見えてきます。

それを見れば見るほど「時間が遅くなっちゃうからなんとかしなければ！」と、こまねずみのようにちょこまかと動き回って箱詰めして汗だくになりながら作業をしていました。


そうこうしていると院長先生から「大嶋君！　こっちへ来て座りなさい！」と言われます。

「あ！　先生！　今この箱詰めを終わってから行かせていただきます！」と答えたら「いいからこっちへ来なさい！」と言われて、畳の部屋に呼ばれて、そして、私は先生の前で正座をしながら出されたお茶を飲むことになりました。

お茶を慌てて飲んで作業に戻ろうとしたら「引っ越し業者さんに任せなさい」

と言われて、私は「え〜？　私はここでただ座っているだけでいいの？」となりました。

「自分がここでただ座っていたら、引っ越し業者さんから嫌われる」と自己肯定感が低い私は思ってしまうわけです。

でも、堂々としている院長先生と一緒に座っていたら、だんだん気持ちが落ち着いてきて、フッと引っ越し業者さんを見てみると、「あ！　てきぱき動くようになっている！」というのでびっくり。

さっきまでさぼっていたスタッフが、ちゃんと動くようになっていてちょっとショックを受けます。

もしかして、自己肯定感が低い自分がしゃしゃり出ていたから、引っ越し業者さんのチームワークを乱していただけ？ということが見えてきて怖くなります。

私は、心のどこかに**「自己肯定感が低いから、謙虚になって周りの人よりもよく動くことができる」**と思っていました。

だから、この自己肯定感の低さは周りの人の役に立つんだ、と思い込んでいたわけです。自分の自己肯定感が低くてみんなの犠牲になれば、誰かが救われる、と。

でも、この私の自己肯定感の低さが周りの人にとっては毒となり、チームワークを乱して本来のみんなの力を発揮させなくしていた、という現実を目の当たりにして、「自分は間違っていたんだ!」とあらためて痛感させられました。

ここで「自分の正確なランキング」を確かめてみると、建物の中にはクリニックのスタッフがたくさんいましたが、院長先生の右腕がいて、そして、私は院長先生から一番期待されていたのでナンバー2の高い位置にいたんです。

その私が、院長先生がお金を払って使っている引っ越し業者さんよりも下になってしまうことで全体の流れを乱して、引っ越しの作業を遅らせていたことがわかります。

自分のその場のランキングを確かめて、そのランキングに見合った態度を取っているとあら不思議、人間関係が楽になっていきます。

さっきまで私に対して横暴だった引っ越し業者さんのスタッフが私に気を遣う

ようになって、私の自己肯定感が元のあるべき位置に戻っていきます。

そして、あっという間に作業が終わり、院長先生から「じゃあ！　大嶋君！　飯でも食べに行こうか！」と言われます。

本来の自己肯定感に戻った私が「では、特上の寿司を食べに行きましょう！」と院長先生に返したら、「おい！　大嶋！」と言われて院長先生はガッハッハ！と高笑いをしていたんです。

自分をちゃんと肯定してあげることで、あれだけ苦手だった人間関係が楽になり、ただ座っているだけでもみんなと一緒で楽しい！に変わっていったんです。

28 日本人は、「自己肯定感」が低くなりがちな社会に生きている

アメリカで勉強していたときのことです。私だけが教授に対して敬語を使っていて、他の連中は教授に対してタメ口で、教授のことを「マイク」とか「ボブ」

とか下の名前で読んでいて、「なんて失礼なやつらなんだ！」とか「なんて尊敬心がない下品なやつらなんだ！」と心の中でバカにしていました。

でも、学生なのに「教授と対等な立場」というぐらい自己肯定感が高い連中は、積極的に教授に質問をして、さらに自分の意見も教授にぶつけていくので「あいつらはどんどん教授を使って磨かれていき、優秀になっていく！」というのを目の当たりにします。

私は、自己肯定感が低いので「私なんて質問したって誰からも相手にしてもらえない」となりますから質問なんてしないで、ただひたすら教授の話を聞いているだけになります。

自己肯定感が低くても真面目に謙虚に振る舞っていれば、教授がお情けをかけてくれて、いい成績を与えてくれるかもしれない！と甘い考えを持っていたんです。

ところが、成績が返ってきて「ぎゃ〜！　低い！」とびっくり。

「やっぱり自分は英語もできなくて理解できていないからダメなんだ」とますま

す自己肯定感が低くなり、「ダメだから一生懸命にがんばらなければ」と思って一人で努力をしていても「成績が上がらない！」となっていたんです。

あるとき、あるグループに入って、みんなの前で涙を流してしまって、自己肯定感が低い自分は「みんなからバカにされる」と思っていたら、「あれ？　みんなも一緒に泣いてくれている！」というのがわかって、「みんな一緒なんだ！」ということに気がつきました。

それが私の低い自己肯定感を捨て去るきっかけとなって、そこから私は授業中でも教授に質問するようになり、自分の意見を教授にぶつけるようになったことで、「あ！　成績が上がった！」となり、どんどん自己肯定感も上がっていったんです。

教授と対等に意見交換をしていたら新しい発見がどんどん生まれて学会発表までするようになり、周りの学生から「すごい！」と言われるようになったんです。

その後、日本に帰ってきて、会社で働くようになってからのことです。

「社長！」と会議の場で社長に対して意見を言ったら、会議の場が凍りつき、「お前がそんなことを言うのは10年早いんだよ！」と怒られて、「実績を上げてから意見を言え！」と一切聞いてもらえず、「あ！　自分は場の空気が読めないダメなやつなんだ」と再び自己肯定感が低くなってしまったのです。

営業成績を上げたにもかかわらず、同僚から「新人なのに生意気！」と言われ、私の売り上げが他の人の手柄になっていて「私が表彰されるはずだったのに！」と悔しい思いをします。

でも、周りからは「あんたのやり方が悪い！」と怒られて、「やっぱり自分は要領が悪いダメなやつなんだ」とどんどん自己肯定感が低くなっていくんです。

日本の大学院の教授と話をしているときに意見をしたら、『三国志』の「諸葛《しょかつ》孔明《こうめい》と馬謖《ばしょく》」の話を突然されて「上司に従わなかった部下はどんなに優秀であっても切られる」と説教をされてしまったことがあります。

その説教をされたときに「自分はいつか上司から見限られて切られてしまうような存在なんだ」と自己肯定感が低くなって、教授にも上司にも意見が言えなくなります。

日本の学会に参加したときに「面白い論文を書いてみよう！」と出してみたら、「え〜？　そこまで否定するんだ〜！」という感じに、けちょんけちょんに叩かれてしまいます。

自分って間違ったことを言ってしまうダメ人間なんだ、とますます自己肯定感が低くなって「何も新しいことが生み出せない」という状態がつづいたんです。

日本の場合、周りとの調和を考えて意見や発言をしないと、「出る杭《くい》は打たれる」で批判や否定をされて「どんどん自己肯定感が低くなる」となってしまいがちです。

そして、自己肯定感が低くなって「周りから攻撃されたくない」と謙虚に振る舞っていると、何も意見をしていないのに「あいつ生意気！」と周りからの嫉妬の攻撃を受けて、ますます自己肯定感が低くなってしまうんです。

当然、日本の場合でも他の国と変わらず「自己肯定感が高い人のほうが成功する」という法則があります。

自己肯定感さえ高ければ「実力がなくても昇進できるんだ！」とか、「なんにも秀でたものがなくても周りの人から認められる」から面白いです。

でも、自己肯定感が低い人が努力をして変わる、というのは難しいんです。

アメリカの場合は「自己主張したら意外と簡単に自己肯定感が上がった！」となるのですが、日本の場合は「自己主張して自己肯定感を上げようとしたら潰されちゃう！」となって、元から自己肯定感が低い人が上に上がれないようなシステムがあるように思います。

自己肯定感が高くなるような環境で育った人が得をして、そうでない人は自己肯定感が低いままいつまでも周囲から叩かれ、もがきつづける、という構造があるんです。

日本では
自己肯定感の低い人が
上へ上がりにくい
高いと
ラクだよ
ぜーぜー
はーはー
うーん
きびしい
自己肯定感が
低いせいだよ
GOAL

だから〝過去を変える〟という方法が日本では有効なのだと思います。

〝過去を変える〟というテクニックを用いて、自己肯定感が高くなるような環境で育った人たちと同じような自己肯定感になっていくことができると、「あれ？　嫉妬されて攻撃されて自己肯定感が低くなることがなくなった！」と変わっていくのです。

自己肯定感を高める努力をして失敗して、ますます自己肯定感が低くなってしまう、という悪循環から抜け出すことができます。

そして、自己肯定感が元から低かった人たちがどんどん自分の過去を変えつづけていくことで「あ！　日本が変わってきた！」というようになっていくんです。

みんなの自己肯定感が高くなった日本の夜明けが見えてくる予感がしているんです。

29 〝自分はダメ〟と思う気持ちが強い人、弱い人

〝自分はダメ〟と思ってしまう気持ちが強い人と弱い人は何が違うのでしょうか？

子どものころから、私は〝自分はダメ〟とすぐに思ってあきらめてしまい、自己肯定感が低くなっていたのですが、周りにいた子たちは〝自分はダメ〟というのがあまり感じられなくてなんでも楽しそうに挑戦していて、やればやるほどそ

の子たちの自己肯定感が高くなっているのが感じられました。

これを私は「自分が弱虫だから」とか、「根性なしだから」や「意気地なしだから」ととらえ、長年自分のことを責めてきました。

〝自分はダメ〟と思っちゃうから自分はダメなんだ、と。

ところが心理学を勉強していたら、面白いことを発見したのです。

母親から離されたネズミの実験で「緊張感を感じさせるホルモンの値が下がらなくなっちゃう！」という現象があったんです。そして、子どものときに「緊張のホルモンが下がらなくなっちゃう」という脳になってしまったら元には戻らない、という興味深い研究者の発言が。

それに興味を持って「もしかしたら〝自分はダメ〟と思っちゃうのって、緊張のホルモンのスイッチが壊れてしまっているせいなの？」と、自分でも実験してみることにしました。

車のクラクションのような「ファ～！」という大きな音のストレス刺激を3秒間与えたら、「ストレスホルモンの値が上がっちゃう！」と本来はなるはずです。

そして、時間の経過とともにストレスホルモンの値がだんだん下がるはずです。

実際に私自身で実験してみたら「あれ？　爆音を聞いてもストレスホルモンの値が上がらない！」と、衝撃の結果になりました。

そして、時間がたって「あーリラックスしている」という状況でストレスホルモンを測ってみたら「上がっている！」だったんです。

ここから面白いことがわかります。

「勉強をやらなきゃ！」と思ったときに、普通だったら「さあやるぞ！」でストレスホルモンが分泌されるから「やる気がアップ！」するんです。

テスト前でも、普通はストレスホルモンが分泌されるはずのときに「出てこない！」から、「やる気にならない！」とか「集中できない！」となり、テストのときも「頭が真っ白でちっともわからない！」となっていたんです。

問題はテストの後で「あー！　やっとテストが終わった！」というときになって、「いまさら？」というタイミングでストレスホルモンが分泌されちゃうから、ホルモンで頭が高速回転して「あのときちゃんと勉強をやっておけばよかったのになぜ自分はやらなかったんだ！」と後悔しつづけて〝自分はダメ〟と責めちゃっていたのです。

「次の機会こそちゃんと勉強をするぞ！」と固く決心しても、「ストレス刺激でホルモンの値が上がらない！」という特徴によって、「試験勉強をしなきゃ！」と思ってしまったら「やる気がない！」と頭が働かなくなり、〝自分はダメ〟という感じになってあきらめてしまっていたんです。

ほかにも〝自分はダメ〟という意識が強い人に協力してもらって、ストレス刺激を受けたときのホルモンの値を測ったら「あ！　やっぱり下がっちゃう！」とか「上がらない！」で「後からストレスホルモンの値が上がってきた！」となっていたんです。

それから考えると**〝自分はダメ〟は「気持ちの問題」じゃなくて「ストレスホルモンの問題」**ということが見えてきたんです。

そして〝自分はダメ〟と自分のことを責めて自己肯定感を低くすればするほど、この傾向は高くなっていくように見受けられました。

肝心なときに〝自分はダメ〟となって、みんなと同じように動けなくなるときは、**「あ！ ストレスホルモンの値が上がらないだけ」**と気づいてあげると「あれ？ 動けるようになった！」と、ちゃんと動けてやりたいことができるようになります。

なんでもないときに、自分ができなかったこと、失敗したこと、人間関係で嫌だったことなどが頭に浮かんできて〝自分はダメ〟と思ってしまったときに「あ！ 後からストレスホルモンの値が上がってくるんだった！」と思い出してあげると、頭がしだいに静かになって自分を責めることを止めるので、不思議と自己肯定感が高くなっていきます。

すると「あ！ やらなきゃ！」というときに考えないで動けている自分がいてびっくりします。

〝自分はダメ〟と責めてしまうのを「ホルモンのせい」として、自分を責めないようにすると「あれ？　ちゃんとホルモンが分泌されるようになっているのかも？」と変わっていけるんです。

あれ？　脳神経学者は一度ストレスホルモンの脳が壊れちゃったら変わらない！と言っていたけど、変わるじゃないですか！

〝自分はダメ〟という自己肯定感が低い方にこのお話をすると、〝自分はダメ〟と思うときに「あ！　やる気が出ないときは分泌されていないんだな！」と気がついてそれ以上自分を責めなくなります。

そして、なんでもないときに〝自分はダメ〟と嫌なことを考えちゃうときには「後から分泌されちゃうんだな！」と、自分のホルモンの値に気づいてあげるだけで、それ以上自分を傷つけなくなり、その方の低かった自己肯定感がしだいに高くなっていきました。

そして、以前よりも自由に動けるようになったその方を見て「あ！　自分を責めなくなるってとっても大切なんだな！」ということに気づかされるんです。

〝自分はダメ〟と責めなくなれば自己肯定感はしだいに高くなっていくんです。

30 〝自分はダメ〟から抜け出す方法

〝自分はダメ〟という思いから抜け出せないときは、「ホルモンの分泌が適切になっていない！」ということが脳内で起きている可能性があるんです。

だったら〝自分はダメ〟と思ったら「ホルモンを分泌させちゃえ！」ということをすれば〝自分はダメ〟から簡単に抜け出すことができちゃうんです。

ホルモンを適切に分泌させて〝自分はダメ〟から簡単に抜け出す方法は、「呼吸」です。

世の中には「楽になるための呼吸法」がたくさんあります。

今回は「ストレスホルモン」で〝自分はダメ〟となっている状態ですから、「ストレスホルモンが適切になるような呼吸法」を使います。

方法は簡単です。「ハ――――！」と口を使って肺から空気を吐き出し、さらにはお腹をへこませてお腹の空気まで全部吐き出すイメージで、できるだけ一気に全部吐き出します。

そして「これ以上吐き出せない」というところまできたら、今度は口を閉じて鼻から「スッ！」と一瞬で息を肺全体に満たしていきます。

これを6回から7回繰り返した後に、先ほどの〝自分はダメ〟という思いがまだあるかどうかを確かめます。

呼吸を使って脳内のホルモンの分泌が正常になったら、「あ！　自分はダメが消えたかも？」となっています。

また、一人になったときに、せっかく静かなリラックスできるはずの時間なのに〝自分はダメ〟という感覚が襲ってきて、嫌なことを思い出したり考えはじめたら、同じように「お腹の空気まで全部口から吐き出して、鼻から一気に吸う！」を繰り返してみます。

緊張のホルモンの出方が「普通の人とは違っている！」となっているから〝自分はダメ〟という感覚になってしまいます。

であれば、〝自分はダメ〟というタイミングで普通の人とは違う呼吸をすれば、「あ！　緊張のホルモンが分泌されてきた！」となり、「お！　緊張のホルモンが分泌されたおかげで〝ダメだ〟が消えて、ちゃんとその場で動けたり、考えられるようになっている！」となるんです。

緊張のホルモンが必要ないときに「バリバリ緊張のホルモンが分泌されちゃうから、嫌なことばっかり考えてリラックスできない」。だから〝自分はダメ〟となっているときも**「普通の人とは違う呼吸法」を使うことで「あれ？　緊張のホルモンがおさまってきて頭が静かになってきたかも！」となる**んです。

〝自分はダメ〟という気持ちが出てきたら「呼吸法で緊張のホルモンを整える」ということを繰り返していくと、緊張する必要があるときにちゃんと「緊張のホルモンが分泌されるようになってきた！」となり、疲れたときには「何も考えない！」という状況が脳に定着するようになります。

すると「呼吸に注意しなくても自己肯定感がどんどん高くなってきた！」となるから面白くなってきます。

そして、緊張のホルモンが適切なタイミングで分泌されなかったから〝自分はダメ〟と思って自己肯定感が低くなっていたんだ、ということがわかります。

「根性なし」とか「だらしない」なんて関係なくて、ただあの実験のネズミのように、緊張のタイミングがずれちゃっていただけ。

〝自分はダメ〟というタイミングで、ちゃんとホルモンが分泌されてくるようになると「みんな仲間じゃん！」と周りの人たちと一体感が感じられるようになります。

そして、その一体感が感じられるときに、どんどん自己肯定感が上がっていき、いつの間にかさらなる高みを目指している自分がいるんです。

ちなみに、今、この原稿を書いていて、フッと自分が仕事で嫌だったことが頭に浮かんできて〝自分はダメ〟という感覚が芽生え、「全然書くことに集中できない！」という状態になりそうになります。

〝自分はダメ〟で目の前のことに集中できなくなって「どんどん過去の嫌な体験や将来の不安などに飲み込まれてしまう〜！」という感覚になっていたんです。

そんなときに「ハ――――！　スッ！」とふだんとは違う呼吸法を試してみます。

まあ、正直な話、「おい！　こんなので本当に効くのかな？」と疑いながら繰り返してみたんです。

すると、あら不思議！　書いている内容に集中できるようになります。

カメラで写真を撮っていて、ピントがぼけていたのが急にピタリと合って「クリアに見える！」という感覚です。

そして、一つのことに集中しているときに「なるほど！　これがみんなとの一体感なのか！」ということがわかる体験ができたんです。

それは私が周りの人たちのことをまったく心配する必要がない世界。

〝自分はダメ〟が呼吸法で消えたら「あの人は私のことをどう思っているのかな？」とか「あの人は困っているんじゃないか？」という心配が一切なくなって、「みんな大丈夫」となってまったく心配する必要がなくなっている自分がいてびっくり。

〝自分はダメ〟と自己肯定感が低くなっていたら、他の人たちのことも信じられなくなっていて「自分がなんとかしなきゃ！」と思って人の気持ちを考えつづけて「一体感がない！」となっていたんだ、ということが見えてきます。

そうなんです！　こんなこと書いて大丈夫なの？という裏には「自分はダメだから」というのが隠れていて、そのホルモンの分泌を呼吸法で変えてみたら「みんな一緒でつながっている！」という一体感が感じられてちょっとうれしくなります。

「みんな一緒」という一体感を感じたときに、そこには揺るぎない自己肯定感があったんです。

「みんな一緒」という一体感を感じたときに、誰のことも一切心配する必要はなくて、目の前のことを単純に楽しむことができる、この喜びを感じていたんです。

そう！　こうして読んでくださっているみなさんと私は一緒で一体感を感じながら、今ここでつながって、どこまでも私の自己肯定感は高くなっていったんです。

みなさんとともに。

著者紹介
大嶋信頼（おおしま　のぶより）
心理カウンセラー、株式会社インサイト・カウンセリング代表取締役。
米国・私立アズベリー大学心理学部心理学科卒業。ブリーフ・セラピーのFAP療法（Free from Anxiety Program）を開発し、トラウマのみならず幅広い症例のカウンセリングを行っている。アルコール依存症専門病院、周愛利田クリニックに勤務する傍ら東京都精神医学総合研究所の研究生として、また嗜癖問題臨床研究所付属原宿相談室非常勤職員として依存症に関する対応を学ぶ。嗜癖問題臨床研究所付属原宿相談室室長を経て、株式会社アイエフエフ代表取締役として勤務。「どんな人でも心の傷がある。自分でも認識していない心の傷から解放されることで、もっと自由に生きることができるのではないか？」と心的外傷の癒やし、回復に新たな可能性を感じ、インサイト・カウンセリングを立ち上げる。カウンセリング歴30年、臨床経験のべ９万件以上。
著書にベストセラーとなった『「いつも誰かに振り回される」が一瞬で変わる方法』（すばる舎）のほか、『お金持ちになる人の心理学』『小さなことで感情をゆさぶられるあなたへ』（以上、ＰＨＰ研究所）、『無意識さん、催眠を教えて』（光文社）、『「空気読みすぎ」さんの心のモヤモヤが晴れる本』（永岡書店）、『「与えあう」ことで人生は動きだす』（青春出版社）など多数。ブログ「緊張しちゃう人たち」や会員制オンライン講座「無意識の旅」をほぼ毎日更新している。

本書は、2018年６月にＰＨＰ研究所から刊行された作品を文庫化したものです。

ＰＨＰ文庫　「自己肯定感」が低いあなたが、すぐ変わる方法

2023年10月16日　第１版第１刷

著　者　大　嶋　信　頼
発行者　永　田　貴　之
発行所　株式会社ＰＨＰ研究所
東京本部　〒135-8137　江東区豊洲5-6-52
ビジネス・教養出版部　☎03-3520-9617（編集）
普及部　☎03-3520-9630（販売）
京都本部　〒601-8411　京都市南区西九条北ノ内町11

PHP INTERFACE　https://www.php.co.jp/

制作協力
組　版　株式会社PHPエディターズ・グループ

印刷所　大日本印刷株式会社
製本所　東京美術紙工協業組合

 ISBN978-4-569-90364-4

PHP文庫

こうやって、考える。

外山滋比古　著

「無意識を使いこなす」「愛読書は作らない」など、過去の膨大な著作から発想力を鍛えるためのヒントを集めた箴言集、待望の文庫化！

PHP文庫

無意識さんに任せればうまくいく

大嶋信頼 著

なにかとうまくいかないのは、あなたの勝手な思い込みのせいでは!? 無意識の〝自動運転〟に任せるだけで、人生はもっと楽になるはず!

PHP文庫

小さなことで感情をゆさぶられるあなたへ

大嶋信頼 著

なぜ、ちょっとしたことで不安、不機嫌、怒りを感じてしまうのか。感情の正体を知り、感情に振り回されない方法を、やさしく解説する1冊。